BEI GRIN MACHT SIC
WISSEN BEZAHLT

- Wir veröffentlichen Ihre Hausarbeit,
  Bachelor- und Masterarbeit

- Ihr eigenes eBook und Buch -
  weltweit in allen wichtigen Shops

- Verdienen Sie an jedem Verkauf

Jetzt bei www.GRIN.com hochladen und kostenlos publizieren

Jochen Laufer

Mitarbeitermotivation. Eine kritische Beurteilung betrieblicher Anreizsysteme

GRIN Verlag

Bibliografische Information der Deutschen Nationalbibliothek:

Die Deutsche Bibliothek verzeichnet diese Publikation in der Deutschen National-
bibliografie; detaillierte bibliografische Daten sind im Internet über http://dnb.d-
nb.de/ abrufbar.

Impressum:

Copyright © 2004 GRIN Verlag GmbH
Druck und Bindung: Books on Demand GmbH, Norderstedt Germany
ISBN: 978-3-640-89869-5

Dieses Buch bei GRIN:

http://www.grin.com/de/e-book/34024/mitarbeitermotivation-eine-kritische-beur-
teilung-betrieblicher-anreizsysteme

GRIN - Your knowledge has value

Der GRIN Verlag publiziert seit 1998 wissenschaftliche Arbeiten von Studenten, Hochschullehrern und anderen Akademikern als eBook und gedrucktes Buch. Die Verlagswebsite www.grin.com ist die ideale Plattform zur Veröffentlichung von Hausarbeiten, Abschlussarbeiten, wissenschaftlichen Aufsätzen, Dissertationen und Fachbüchern.

Besuchen Sie uns im Internet:

http://www.grin.com/

http://www.facebook.com/grincom

http://www.twitter.com/grin_com

Fachhochschule Kaiserslautern
Standort Zweibrücken
Fachbereich Betriebswirtschaft
Fernstudiengang Bankmanagement

Fachhochschule
Kaiserslautern
University of
Applied Sciences

Diplomarbeit

<u>Thema:</u>
Mitarbeitermotivation – Eine kritische Beurteilung betrieblicher Anreizsysteme

<u>Diplomand:</u>
Jochen Laufer

<u>Abgabedatum:</u>
18.11.2004

Inhaltsverzeichnis

1 Zielsetzung und Gang der Untersuchung

Hurra, es ist Montag, es geht zur Arbeit! Dieses Gefühl gilt es den Mitarbeitern in Unternehmen zu vermitteln. Doch wie? Es geht um die Frage, wie Betriebe die Motivation ihrer Belegschaft dauerhaft erhöhen können, denn erfolgreiche Unternehmen brauchen motivierte Mitarbeiter. Dass dies keine einfache Aufgabe ist, ergibt sich aus der Tatsache, dass sich Mitarbeiter nicht ohne weiteres auf die Ziele des Unternehmens programmieren lassen.[1]

Die verschiedenen und vielfältigen Ansätze in diesem Bereich waren ausschlaggebend, mich mit dieser Thematik auseinander zu setzen. Oft findet man die Forderung, den Mitarbeiter als wichtigste Ressource in den Mittelpunkt des Unternehmens zu stellen. Doch die Wirklichkeit sieht häufig anders aus, meist wird der Mitarbeiter nur als Kostenfaktor betrachtet. Um aber dauerhaft Einfluss auf die Motivation der Mitarbeiter zu nehmen, müssen einerseits deren Erwartungen und Bedürfnisse im Zusammenhang mit ihrer Tätigkeit berücksichtigt werden, andererseits sind brauchbare Instrumente, Systeme und Verfahren einzusetzen.

Und genau hieraus resultiert das Ziel der vorliegenden Arbeit. Verschiedene Motivationsinstrumente werden in ihrer Bedeutung und Funktion für die Motivation kritisch untersucht und erläutert. Es soll die Frage beantwortet werden, wie ein Unternehmen seine Mitarbeiter dauerhaft motivieren kann und welche Instrumente hierzu eingesetzt werden sollten.

Dazu ist es notwendig, einige motivationstheoretische Grundlagen an den Anfang der Arbeit zu stellen. Neben Begriffsdefinitionen und Erläuterungen werden die wichtigsten Ansätze der Motivationstheorien behandelt. Die Kapitel drei und vier befassen sich dann mit unterschiedlichen materiellen und immateriellen Motivationsinstrumenten, die je-

---

[1] Vgl. Frey, B., Osterloh, M. 2002, S. 7.

weils unter dem Aspekt ihrer Motivationswirkung beleuchtet werden. Kapitel fünf beinhaltet die Darstellung einiger wichtiger Motivationsbarrieren, bevor im Schlusskapitel die Erkenntnisse aus der Arbeit zusammengefasst werden.

Jochen Laufer, November 2004

2 Motivationstheoretische Grundlagen

Um die Bedeutung der in den Kapiteln drei und vier dargestellten Motivationsinstrumente herauszustellen, ist es erforderlich, zunächst einige
motivationstheoretische Grundlagen zu behandeln. Neben Begriffsdefinitionen und Erläuterungen sind dies auch verschiedene zentrale Motivationstheorien. Sie helfen ein Verständnis über das Warum und Wie
des menschlichen Handelns zu erlangen.

2.1 Begriffsdefinitionen und Erläuterungen

2.1.1 Bedürfnisse und Motive

Die Begriffe, Bedürfnisse und Motive werden in der Literatur oft syn-　**Bedürfnisse**
onym verwendet, wobei dadurch aber einige wichtige Aspekte der Ver-
haltensdeutung verloren gehen.[2] Als Bedürfnis bezeichnet man einerseits ein generelles **psychologisches Mangelgefühl** und andererseits
biologische Notwendigkeiten wie beisp. der Flüssigkeitsbedarf. Es
lassen sich primäre Bedürfnisse wie Hunger, Durst und Neugierde (vi-
tale Grundbedürfnisse) und sekundäre Bedürfnisse unterscheiden.
Letztere beinhalten die im Lernprozess erworbenen Bedürfnisse nach
Geld, Macht und Ansehen.[3]

Der Mensch strebt danach, seine Bedürfnisse und Triebe zu befriedi-　**Motive**
gen. Hieraus resultieren Verhaltensbereitschaften, die man als Motive
bezeichnet. Sie können als **Beweggründe menschlichen Verhaltens**
angesehen werden, die periodisch zwischen der Empfindung eines
Mangelzustandes und einer Sättigung hin und her pendeln.[4] Psycholo-
gisch gesehen sind Motive (Wertungs-) Dispositionen, die meist nicht
angeboren, sondern im Rahmen der individuellen Entwicklung, insbesondere in der Kindheit,[5] ausgebildet werden und zeitlich relativ stabil

---

[2] Vgl. Staehle, W. 1999, S. 166.

[3] Vgl. Tewes, U., Wildgrube, K. 1999, S. 53.

[4] Vgl. Nerdinger, F. 2003, S. 3.

[5] Vgl. Hentze, J., Kammel, A., Lindert, K. 1997, S. 117.

sind.[6] Während ein Motiv immer zwingend auf einem Bedürfnis basieren muss, führt aber umgekehrt ein Bedürfnis nicht zwangsläufig zu einem Motiv.[7] Ein Bedürfnis wird dann zu einem Motiv, wenn es so dringend empfunden wird, dass es den Menschen zu einer Handlung veranlasst. Festzuhalten bleibt weiter, dass Motive nicht isoliert sondern in Kombination auftreten. So bestimmen immer mehrere Motive das Verhalten einer Person, wobei jeder Mensch eine unterschiedliche Motivationsstruktur aufweist.[8] Einige, für den Arbeitsprozess bedeutsame Motive, sind in Abb. 11 im Anhang dargestellt.

2.1.2 Motivation vs. Motivierung

Motivation

Der Begriff der Motivation kommt aus dem lateinischen (in movitum ire = in das einsteigen, was (den Menschen) bewegt) und bezieht sich auf die Beweggründe und Ziele, die jemanden veranlassen zu handeln, aktiv zu werden und etwas zu bewegen. So ist die Frage nach der Motivation also die Frage nach dem Warum des menschlichen Verhaltens.[9] Wie im obigen Abschnitt gesehen, ist ein Motiv ein einzelner noch nicht umgesetzter Beweggrund des Verhaltens. Die Summe dieser Motive, bzw. das komplexe Zusammenspiel verschiedener aktivierter Motive in konkreten Situationen, bildet die Motivation[10]. Der Motivationsbegriff kann zunächst als **aktivierte Verhaltensbereitschaft** eines Menschen hinsichtlich der Erreichung bestimmter Ziele definiert werden.[11]

Motivierung

Während sich die Motivationspsychologen mit dem **Warum** beschäftigen fragen die Manager von Unternehmen danach, **wie** sie von ihren Mitarbeitern ein Maximum an Arbeitsleistung erhalten, oder **wie** sie ihre Mitarbeiter zu Überstunden motivieren können. So versteht man unter

---

[6] Vgl. Berthel, J., Becker, F. 2003, S. 18.

[7] Vgl. Fakesch, B. 1991, S. 18.

[8] Vgl. Oppermann-Weber, U. 2001, S. 151.

[9] Vgl. Sprenger, R. 2002, S. 22.

[10] Vgl. Heimann, W. 1990, S. 208.

[11] Vgl. Hentze, J., Kammel, A., Lindert, K. 1997, S. 117.

Motivation auch das Erzeugen, Erhalten und Steigern der Verhaltens-bereitschaft durch Anreize bzw. Anreizsysteme oder durch das absichtsvolle Handeln eines Vorgesetzten. Der Mitarbeiter wird hier von außen zur Leistung angereizt. Sprenger bezeichnet diese Fremdsteuerung als Motivierung, er spricht sogar von Manipulation, deutlich abgegrenzt von der Eigensteuerung (=Motivation) des Menschen.[12] Andere Autoren gehen hier nicht so weit, sie verstehen unter Motivierung, sich in andere Menschen einzufühlen und für sie die Bedingungen des Handelns so zu gestalten, dass diese die Ziele erreichen können.[13]

2.1.3 Intrinsische vs. extrinsische Motivation

Generell wird zwischen intrinsischer und extrinsischer Motivation unterschieden. Bei der intrinsischen Motivation ist es die **Arbeit selbst**, die befriedigt und Freude macht (Aufgabenvielfalt, interessante und ganzheitliche Aufgaben, Lernmöglichkeiten). Tätigkeiten werden um ihrer selbst willen betrieben, ohne dass es hierzu externer Anreize bedarf.[14] Hieraus lässt sich erklären, warum Menschen Sport treiben ohne dafür bezahlt zu werden oder ein Kreuzworträtsel lösen, ohne dass jemand davon Notiz nimmt.[15] Intrinsische Motivation entsteht immer dann, wenn es gelingt, Aufgaben und Arbeitsinhalte so zu gestalten, dass eine Aufgabenorientierung entsteht und der Mitarbeiter diese „als Herausforderung und deren Bewältigung als Ausdruck persönlicher und fachlicher Kompetenz erlebt."[16]

Intrinsische Motivation

Im Gegensatz dazu tragen bei der extrinsischen Motivation nicht die Tätigkeit selbst, sondern nur deren **Folgen** und **Begleiterscheinungen** zur Zufriedenheit bei. Arbeitet beisp. ein Mensch, um möglichst viel Geld zu verdienen, wird er als extrinsisch motiviert bezeichnet.[17] Die

Extrinsische Motivation

---

[12] Vgl. Sprenger, R. 2002, S. 22f.

[13] Vgl. Schuler, H. 2001, S. 351.

[14] Vgl. Rheinberg, F. 2002, S. 152.

[15] Vgl. Niermeyer, R. 2001, S. 46.

[16] Schanz, G. 1991, S. 73.

[17] Vgl. Nerdinger, F. 2003, S. 22.

Arbeit an sich ist hier nur ein Werkzeug, um auf dem Umweg über die Vergütung die eigentliche Bedürfnisbefriedigung zu erreichen.[18] Das Verhalten wird demnach von Gründen kontrolliert, die nicht wie bei der intrinsischen Motivation innerhalb, sondern außerhalb der Person liegen, nämlich von äußeren Anreizen wie z. B. Entlohnung, Anerkennung, Karrierechancen[19] aber auch Strafandrohung bei Nichterfüllung einer Leistung (z. B. Versetzung).[20] Auch wenn einem Menschen die Arbeit Freude bereitet wird dieser sicher an seinen Anstrengungen zweifeln, wenn die Entlohnung oder die Anerkennung für ihn unbefriedigend sind. Die extrinsische Motivation beeinflusst dem zu Folge auch die intrinsische Motivation, was bedeutet, dass eine Verbindung zwischen den beiden Motivationsarten bestehen muss.[21]

2.1.4 Motivationsprozess

Fünf Schritte

Wie läuft nun die Motivation ab? Der Motivationsprozess kann grundsätzlich in fünf Schritten dargestellt werden. Zu Beginn entsteht ein Bedürfnis. Anschließend baut sich eine Bedürfnisspannung auf und in einen weiteren Schritt setzt der Mensch Energien für eine bestimmte Aktivität frei. Voraussetzung hierfür ist allerdings, dass eine reale Chance besteht, dass das Bedürfnis befriedigt werden kann. Während der zunehmenden Bedürfnisbefriedigung nimmt dann die Spannung ab. Schließlich entsteht wieder ein neues bzw. anderes Bedürfnis und der Motivationsprozess beginnt von neuem.[22] Abb. 1 verdeutlicht diese Zusammenhänge.

Beispiel

Hierzu noch ein Beispiel: Nach mehreren Stunden Arbeit entsteht das Bedürfnis nach einer Pause, die Bedürfnisspannung steigt. Der Wunsch nach einer Pause setzt entsprechend Energien frei und entweder wird das Ziel beschleunigt erreicht, oder die Arbeit wird unter-

---

[18] Vgl. Frey, B., Osterloh, M. 2002, S. 24.
[19] Vgl. Felser, G. 2002, S. 14.
[20] Vgl. Nöllke, M. 2002, S. 69.
[21] Vgl. Bruce, A., Pepitone, J. 2001, S. 15.
[22] Vgl. Jung, H. 2003, S. 360.

brochen, um sich einen Kaffee zu besorgen. Durch die Erholung baut sich das Bedürfnis nach einer Pause ab. Arbeitet eine Person nun wieder einige Zeit, entsteht dasselbe Bedürfnis erneut und der Prozess wiederholt sich.[23]

Abb. 1: Einfaches Motivationsmodell

2.1.5 Leistung und Arbeitszufriedenheit

Durch Anreize zur Motivierung von Mitarbeitern wird versucht, die Ausdauer und Intensität bei der Aufgabenerledigung zu optimieren. Als Leistung wird dann das Ergebnis der Aufgabenbearbeitung verstanden.[24]

Leistung als Ergebnis des Arbeitsverhaltens

Hierbei ist die Leistung aber nicht der Leistungsbereitschaft gleichzusetzen, sondern sie besteht aus drei wesentlichen Komponenten, nämlich aus der Leistungsbereitschaft, der Leistungsfähigkeit und der Leistungsmöglichkeit (vgl. hierzu Abb. 12 im Anhang). Da sich alle drei Bestandteile bzw. Dimensionen gegenseitig beeinflussen, verstärken oder abschwächen können, lässt sich die Leistung auch als multiplikative Verknüpfung (Leistung = Wollen x Können x Dürfen) darstellen.[25] Zu berücksichtigen ist hierbei also, dass die Leistung immer aus dem Zusammenspiel aller drei Dimensionen resultiert, während die Motivierung ausschließlich auf die Leistungsbereitschaft abzielt. Liegen also die Ursachen für eine geringe Leistung in unzureichenden Umgebungsbedingungen bzw. in mangelnder Leistungsfähigkeit, so greift die Motivie-

Dimensionen der Leistung

---

[23] Vgl. Stroebe, R. 1999, S. 30.

[24] Vgl. Schuler, H. 2001, S. 351.

[25] Vgl. Niermeyer, R. 2001, S. 18f.

rung ins Leere.[26] Es bleibt also festzuhalten, dass die Leistung zwar das wichtigste Ziel der Motivierung ist, die Motivierung selbst aber nur ein Weg zur Leistungssteigerung darstellt.[27]

Arbeits-zufriedenheit als weiteres Ziel der Motivierung

Die Motivierung dient aber nicht nur der Leistung und somit den betrieblichen Zielen, sondern auch den Mitarbeitern, denn Motivierung sollte auch zur Zufriedenheit mit der Arbeit beitragen. Unter Zufriedenheit versteht man in der Regel eine relativ stabile Bewertung betrieblicher Gegebenheiten durch den Mitarbeiter, bzw. dessen Einstellung zur Arbeit.[28] Sie ist das Resultat eines Vergleiches der erlebten Situation mit dem individuellen Anspruchsniveau einer Person. Letzteres wird z. B. durch die Qualifikation und das Alter aber auch durch die Situation (z. B. Arbeitsmarkt) beeinflusst.[29] Die Arbeitszufriedenheit wirkt zum einen positiv auf das psychische und körperliche Wohlbefinden des Mitarbeiters, zum anderen kann sie die Fluktuation verringern, zu höherer Leistung führen und die Bindung an das Unternehmen steigern.[30] Somit wirkt die Arbeitszufriedenheit unter Umständen auch motivierend.

2.1.6 Werte und Wertewandel

Definition Werte

Seit Anfang der 60er Jahre vollzog sich in der Bevölkerung ein grundlegender Wandel der Wertvorstellungen.[31] Werte werden allgemein als etwas Wünschenswertes bezeichnet und verkörpern das, was uns wichtig ist. Sie sind hierarchisch geordnet, relativ stabil und nicht angeboren sondern werden erlernt.[32] Werte regulieren das Verhalten und die Wahrnehmung einer Person oder einer Gruppe und können als allgemeine **Orientierungsstandards** für den Menschen angesehen wer-

---

[26] Vgl. Sprenger, R. 2002, S. 194.

[27] Vgl. Nerdinger, F. 2003, S. 8.

[28] Vgl. Rosenstil, L. von 2001, S. 74.

[29] Vgl. Schuler, H. 2001, S. 351.

[30] Vgl. Schuler, H. 2001, S. 351.

[31] Vgl. Jung, H. 2003, S. 822.

[32] Vgl. Becker, F. 2002, S. 586.

den, die den Kern der menschlichen Kultur bilden.[33]

Die Arbeitseinstellung und das Arbeitsverhalten werden von den Wertvorstellungen entscheidend mitgeprägt, da diese Einfluss auf das Mo-
tivspektrum des Menschen ausüben. Aus diesem Grunde ist der fest-
zustellende Wertewandel für die Motivationsthematik von Bedeutung.[34]
War früher die Arbeit noch Garant der Sinnerfüllung des Lebens, so hat
der Wertewandel in der Gesellschaft die erlebbare Bedeutung der Arbeit reduziert. Der Einzelne sieht weniger das Gemeinwohl, sondern
das Wohl des Individuums im Vordergrund. Dabei werden die Pflicht-
und Akzeptanzwerte von der Selbstentfaltung verdrängt.[35] Zu den
Pflicht- und Akzeptanzwerten gehören beisp. Disziplin, Fleiß und Ge-
horsam. Diese Werte weichen den so genannten Selbstverwirkli-
chungs- und Engagementwerten wie z. B. Demokratie, Autonomie und
Partizipation.[36] Der Wertewandel bezieht sich dabei jedoch weniger auf
die einzelnen Werte sondern vielmehr auf die Einstellungen der Menschen zu diesen Werten und das daraus resultierende Handeln.[37]

Wertewandel

Die Ursache des Wertewandels ist in erster Linie bei den veränderten
Sozialisationsbedingungen zu suchen. Die Lebensbedingungen in un-
serer Gesellschaft haben sich deutlich verändert, verwiesen sei hier
beisp. auf ein insgesamt höheres Bildungsniveau der Bevölkerung, die
Rückläufigkeit des Anteils der in der Berufsarbeit verbrachten Lebens-
zeit, ein relativ hohes Niveau materiellen Wohlstands aber auch ein
zunehmendes allgemein-politisches Interesse.[38] Der Wertewandel kann
als natürlicher Vorgang des Umdenkens, des Weiterdenkens und der
Weiterentwicklung in Sachen Arbeitsethik verstanden werden.[39]

Ursachen des Wertewandels

---

[33] Vgl. Jung, H. 2003, S. 822.
[34] Vgl. Schanz, G. 1993, S. 163.
[35] Vgl. Rahn, H.-J. 2002, S. 428.
[36] Vgl. Klages, H., Hippler, G. 1993, S. 103f.
[37] Vgl. Sprenger, R. 2002, S. 28.
[38] Vgl. Schanz, G. 1993, S. 167.
[39] Vgl. Zander, E. 1995, S. 238.

Auswirkungen auf die Arbeitswelt

Bezüglich der Auswirkungen auf die Arbeitswelt wurden drei wesentliche Entwicklungstendenzen festgestellt. Zum einen ist auf die gestiegene Freizeitorientierung zu verweisen, zum anderen gewinnen Selbstentfaltungs- und Selbstverwirklichungsbedürfnisse an Bedeutung. Ferner stellen Mitarbeiter höhere Ansprüche an ihre Tätigkeiten. Ein größerer Anteil der Arbeitnehmer möchte im Beruf mehr Verantwortung übernehmen. Außerdem haben Spaß an der Arbeit und ein höheres Einkommen für sie die gleiche Wertigkeit. Die Grenzen zwischen Freizeit, Arbeit und Ausbildung haben sich heute verwischt und eine neue Ganzheit, ein ungeteiltes Leben, wird angestrebt.[40] Der Mitarbeiter will also sein ganzes Potenzial in das Unternehmen einbringen und ist immer weniger dazu bereit, Wertorientierungen und Einstellungen, die in seiner Freizeit bedeutungsvoll sind, während der Arbeit zu verdrängen. Diesen Entwicklungen müssen die Unternehmen Rechnung tragen und eine Überprüfung der momentanen Führungspraxis ist notwendig geworden.[41] Wichtig ist, dass sich das Handeln der Unternehmen und der Mitarbeiter an gemeinsamen Werten und Zielen orientiert, nur dann kann es zu einer weitgehenden Identifikation der Arbeitnehmer mit Unternehmen und Tätigkeit kommen.[42]

Nach der Darstellung begrifflicher Definitionen und Erläuterungen zur Thematik, behandelt Kapitel 2.2 einige bedeutende Inhaltstheorien.

2.2 Inhaltstheorien der Motivationsforschung

Inhaltstheorien vs. Prozesstheorien

Trotz jahrzehntelanger Motivationsforschung, vor allem in den 50er bis 70er Jahren, existiert heute noch keine einheitliche Motivationstheorie.[43] Es gibt mehrere unterschiedliche, einander ergänzende Versuche zu erklären, wie menschliches Verhalten in Betrieben in Antrieb und Richtung bestimmt wird.[44] Auch wenn diese Grundlagen der Motivati-

---

[40] Vgl. Sprenger, R. 2002, S. 28.
[41] Vgl. Zander, E. 1995, S. 239.
[42] Vgl. Fischer, H. 1995, S. 75.
[43] Vgl. Jung, H. 2003, S. 373.
[44] Vgl. Becker, F. 2002, S. 370.

onstheorien in der Literatur und in der Praxis oft nicht einhellig aufgenommen werden,[45] so sind die Resultate für das weitere Verständnis
dieser Arbeit von großer Bedeutung. In der Motivationspsychologie
werden die unterschiedlichen Theorien vielfach als Inhalts- und Prozesstheorien klassifiziert, wobei letztere wiederum in Erwartungsva-
lenz- und Gleichgewichtstheorien unterteilt werden können.[46]

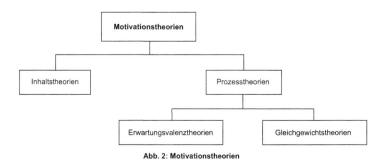

Abb. 2: Motivationstheorien

Während sich die Inhaltstheorien mit der Frage nach der Art, Anzahl
und Bedeutung der einem Verhalten zugrunde liegenden Motive beschäftigen,[47] widmen sich die Prozesstheorien dem dynamischen Geschehen,[48] in dem sie auf die Entstehung, die Ausrichtung und die Stär-
ke von Motivation für eine bestimmte Handlung eingehen.[49] Anders
ausgedrückt: Inhaltstheorien befassen sich mit den einzelnen Motiven
und Bedürfnissen als solchen. Sie wollen aufzeigen, welche Motivbün-
del überhaupt handlungsbestimmend wirken bzw. was Menschen zu
einem bestimmten Verhalten bewegt und durch welche Variabeln es
ausgelöst wird.[50] Sie versuchen eine Erklärung zu liefern, wonach
Menschen streben.[51] Prozesstheorien hingegen beabsichtigen, das
Zusammenspiel der einzelnen Motive zu erklären, sprich aufzuzeigen,

Abgrenzung

---

[45] Vgl. Sprenger, R. 2002, S. 47.

[46] Vgl. Hentze, J., Kammel, A., Lindert, K. 1997, S. 124.

[47] Vgl. Berthel, J., Becker, F. 2003, S. 20.

[48] Vgl. Nerdinger, F. 1995, S. 26.

[49] Vgl. Steinmann, H., Schreyögg, G. 1991, S. 409f.

[50] Vgl. Bisani, F. 1995, S. 654.

[51] Vgl. Rosenstil, L. von, Regnet, E., Domsch, M. 2003, S. 200.

wie der Motivationsprozess vonstatten geht und wie das Verhalten bestimmt, erhalten und beendet werden kann.[52]

Nachfolgend werden zunächst einige der wichtigsten Inhaltstheorien dargestellt, anschließend wird in Kapitel 2.3 auf einige bedeutende Prozesstheorien eingegangen.

2.2.1 Bedürfnistheorie von Maslow

Als Mitbegründer der so genannten ‚humanistischen Psychologie' legte Abraham Harold **Maslow** in den 50er Jahren mit der Theorie einer vielschichtigen Bedürfnisstruktur (Bedürfnispyramide) einen wichtigen Grundstein der Motivationstheorie.[53] Seine Ideen erfuhren ab dem Jahr 1959 durch ihre Popularisierung durch McGregor weite Verbreitung und wurden vor allem von Führungskräften gerne aufgenommen.[54]

Klassifizierung der Bedürfnisse Maslow unterscheidet fünf Klassen menschlicher Bedürfnisse, die er mithilfe der so genannten **Bedürfnispyramide** hierarchisch darstellt (siehe Abb. 3).[55] Nur ein nicht (vollständig) befriedigtes Bedürfnis wirkt motivierend und gibt einen Anstoß zu einer bestimmten Handlung bzw. Verhalten, wodurch die Befriedigung des Bedürfnisses herbeigeführt werden soll.[56] Für das Individuum steht zunächst die Befriedigung der ersten Bedürfnisstufe im Vordergrund. Ist eine vollständige Sättigung der Bedürfnisse dieser Gruppe erreicht, wird für den Menschen die nächste Stufe der Pyramide aktuell.[57] Dieser Ablauf wird sich bis zum Erreichen der höchsten Stufe wiederholen. Die Selbstverwirklichungsbedürfnisse auf der fünften Stufe können allerdings nicht endgültig erfüllt werden, da diesen keine Grenzen gesetzt sind.[58] Einmal gesättigte

---

[52] Vgl. Lawler, E. 1977, S. 22.
[53] Vgl. Oppermann-Weber, U. 2001, S. 154.
[54] Vgl. Staehle, W. 1999, S. 221.
[55] Vgl. Berthel, J., Becker, F. 2003, S. 21.
[56] Vgl. Kressler, H. 2001, S. 31.
[57] Vgl. Richter, M. 1989, S. 174f.
[58] Vgl. Kressler, H. 2001, S. 31.

Bedürfnisstufen werden aber nie völlig bedeutungslos, da die darin enthaltenen Grundbedürfnisse regelmäßig neu erfüllt werden müssen.[59] Wie die Bedürfnisse und Bedürfnisstufen im Einzelnen aussehen, bzw. wie diese in Bezug auf einen arbeitenden Menschen in einem Unternehmen interpretiert werden, ist in Tab. 2 im Anhang dargestellt.

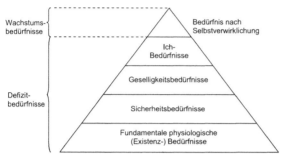

Abb. 3: Die Hierarchie der Bedürfnisse nach Maslow

Die Literatur bezeichnet die ersten vier Stufen der Motivationspyramide als Defizit- oder auch Mangelbedürfnisse.[60] Wenn diese befriedigt sind, treten die so genannten Wachstumsbedürfnisse in den Vordergrund.[61] Die extrinsisch orientierten Defizitbedürfnisse verlieren mit zunehmender Befriedigung an Motivationskraft, während die Befriedigung von intrinsisch orientierten Wachstumsbedürfnissen nicht zu einer Verringerung, sondern sogar zu einer Erhöhung der Motivationsstärke führt.[62]

Defizit- und Mangel-bedürfnisse

Trotz ihrer weiten Verbreitung wird die Theorie von Maslow nicht ausschließlich positiv diskutiert. Kritisiert wird die Tatsache, dass er seinen Ansatz nicht auf empirische Untersuchungen stützte.[63] Weder die Bedürfnisschichtung noch die vermutete Reihenfolge der Bedürfnisbefriedigung konnten je eindeutig belegt werden. Auf viele Aussagen von

Kritikpunkte

---

[59] Vgl. Staehle, W. 1999, S. 222.

[60] Vgl. Bühler, W., Siegert, T. 1999, S. 58.

[61] Vgl. Rosenstil, L. von, Regnet, E., Domsch, M. 2003, S. 202.

[62] Vgl. Jung, H. 2003, S. 375.

[63] Vgl. Staehle, W. 1999, S. 222.

Maslow lassen sich banale Gegenbeispiele finden,[64] was aber der bemerkenswerten Beachtung in der Praxis – möglicherweise auch wegen der Einfachheit des Aufbaus und der Verständnismöglichkeiten – keinen Abbruch tut. Ein weiterer Kritikpunkt ist, dass die von Maslow angenommene Rangfolge der Bedürfnisse nicht für jeden Menschen unterstellt werden kann bzw., seine Theorie nicht alle Bedürfnisse umfasst.[65] Es kann aber nicht vollständig bestritten werden, dass es zumindest teilweise eine hierarchische Anordnung der menschlichen Bedürfnisse gibt.[66]

Wertung Aus dieser Tatsache können für die heutige Mitarbeiterführung wichtige Anhaltspunkte abgeleitet werden, gewinnen doch die Selbstverwirklichungsbedürfnisse für einen Großteil der Menschen gerade auch im Berufsleben immer mehr an Bedeutung. Werden die persönlichen Bedürfnisse im Beruf nicht befriedigt, dann wird Unzufriedenheit die Folge sein und die Arbeitsleistung sinkt.[67]

Durch die massive Kritik wurden auf Basis der Bedürfnispyramide von Maslow verschiedene Modifikationen entwickelt, die E-R-G-Theorie von Alderfer ist eine davon.

2.2.2 E-R-G-Theorie von Alderfer

Nach Clayton P. **Alderfer** kommt es bei der Motivationstheorie von Maslow zu Überschneidungen einzelner Hierarchiestufen.[68] Daher reduziert Alderfer die Bedürfnispyramide von Maslow – willkürlich – auf insgesamt drei Bedürfnisklassen[69] und „gibt die Annahme der streng hierarchischen Ordnung zwischen den Bedürfnisklassen sowie die

---

[64] Vgl. Scholz, C. 1994, S. 419.

[65] Vgl. Jung, H. 2003, S. 377.

[66] Vgl. Rosenstil, L. von, Regnet, E., Domsch, M. 2003, S. 203.

[67] Vgl. Staehle, W. 1999, S. 222.

[68] Vgl. Hentze, J., Kammel, A., Lindert, K. 1997, S. 132.

[69] Vgl. Becker, F. 2002, S. 183.

Rangfolgethese auf."[70] Er unterscheidet:

- **E** = Existence needs   (Existenzbedürfnisse)

- **R** = Relatedness needs   (Sozial-/Beziehungsbedürfnisse)

- **G** = Growth needs   (Wachstums-/
                              Selbsterfüllungsbedürfnisse)[71]

Dabei entsprechen die beiden unteren Stufen der Bedürfnispyramide von Maslow der Kategorie der Existenzbedürfnisse von Alderfer, die Sozialbedürfnisse der E-R-G-Theorie den sozialen Motiven und Wertschätzungsbedürfnissen von Maslow. Dessen Selbstverwirklichungsbedürfnisse finden ihr Gegenüber wiederum in den Wachstumsbedürfnissen.[72] Alderfer beschreibt die Beziehungen von Bedürfnisbefriedigung und Bedürfnisaktivierung innerhalb und zwischen den Bedürfnisstufen "durch sieben Thesen:

1. Je weniger die Existenzbedürfnisse befriedigt sind, desto stärker wirken sie.

2. Je weniger die Beziehungsbedürfnisse befriedigt sind, desto stärker werden die Existenzbedürfnisse.

3. Je mehr die Existenzbedürfnisse befriedigt sind, desto stärker werden die Beziehungsbedürfnisse.

4. Je weniger die Beziehungsbedürfnisse befriedigt sind, desto stärker werden sie.

5. Je weniger die Wachstumsbedürfnisse befriedigt sind, desto stärker werden die Beziehungsbedürfnisse.

6. Je mehr die Beziehungsbedürfnisse befriedigt sind, desto stärker werden die Wachstumsbedürfnisse.

7. Je mehr die Wachstumsbedürfnisse befriedigt sind, desto stärker werden diese."[73]

---

[70] Berthel, J., Becker, F. 2003, S. 24.

[71] Vgl. Richter, M. 1989, S. 175.

[72] Vgl. Drumm, H.-J. 1994, S. 376.

[73] Jung, H. 2003, S. 379-380.

Zum besseren Verständnis ist das Motivationsmodell nach Alderfer zusätzlich in Abb. 13 im Anhang dargestellt. Im Gegensatz zu Maslow, bei dessen Theorie ein nächst höheres Bedürfnis erst in Angriff genommen wird, wenn das nächst tiefere Bedürfnis befriedigt ist, lauten Alderfers Prinzipien folgendermaßen:[74]

Drei Prinzipien

- Frustrations-Hypothese: Ein Bedürfnis wird im Ausmaß seiner Nichtbefriedigung dominant (ist Grundlage für These 1 und 4).

- Frustrations-Regressions-Hypothese: Eine Nicht - Befriedigung eines höheren Bedürfnisses führt zu einer Aktivierung der nächst niederen Bedürfnisstufe (ist Grundlage für These 2 und 5).

- Befriedigungs-Progressions-Hypothese: Besagt, dass durch die Zufriedenstellung eines Bedürfnisses das nächst Höhere aktiviert wird (ist Grundlage für These 3, 6 und 7).[75]

Nach Alderfer müssen also zum einen die Bedürfnisse der unteren Stufen, als Voraussetzung dafür, dass die Bedürfnisse der nächsten Stufen in Erscheinung treten, nicht zuerst befriedigt sein. Zum anderen kann auch in entgegengesetzter Richtung das nächsttiefere Bedürfnis aktiviert werden, wenn eine Befriedigung der oberen Ebene nicht möglich ist.[76] Dessen Befriedigung stellt dann den Ausgleich für die nicht erreichbaren Bedürfnisse dar. Auch wenn dies unter Frustration erfolgt, erfüllt es dann die Funktion eines Motivators.[77]

Wertung

Die von Alderfer aufgestellte Theorie weist im Vergleich zur Bedürfnispyramide von Maslow durch die unterschiedlichen Veränderungen einen höheren Informationsgehalt auf. Für die Unternehmenspraxis ist sie aber eher von geringer Bedeutung.[78] Eine wichtige Schlussfolge-

---

[74] Vgl. Hentze, J., Kammel, A., Lindert, K. 1997, S. 133.

[75] Vgl. Bisani, F. 1995, S. 657.

[76] Vgl. Jung, H. 2003, S. 380.

[77] Vgl. Richter, M. 1989, S. 175.

[78] Vgl. Jung, H. 2003, S. 381.

rung lässt seine Theorie jedoch zu, obwohl sie auch keine Hinweise liefert, wie man die Menschen individuell motivieren kann: Im Prozess der Bedürfnisbefriedigung gibt es Motivation und Demotivation.[79]

2.2.3 Zwei-Faktoren-Theorie von Herzberg

Im Rahmen einer Studie, die unter dem Namen ‚Pittsburgh Study'[80] bekannt wurde, führte Frederick W. **Herzberg** zahlreiche Befragungen mit Arbeitnehmern nordamerikanischer Firmen durch.[81] Es wurde untersucht, welche Faktoren im Arbeitsprozess Zufriedenheit hervorrufen und welche Unzufriedenzeit vermeiden oder abbauen.[82] Die Arbeitnehmer wurden nach Situationen in ihrem Berufsleben befragt, in denen sie ihrer Arbeit besonders positiv oder negativ gegenüberstanden, und nach den für die jeweilige Situation ausschlaggebenden Ursachen.[83] Herzberg nahm sich der Frage an, was den Menschen bei der Arbeit eigentlich motiviert. Es stellte sich heraus, dass ganz bestimmte Faktoren fast nur Unzufriedenheit auslösen, während andere Faktoren nur Zufriedenheit bewirken. Aufgrund dieser Erkenntnisse unterteilte er die Grundbedürfnisse in **zwei Kategorien**:

Was motiviert Menschen?

* Motivatoren bzw. Motivationsbedürfnisse

* Hygiene- oder Maintenancebedürfnisse[84]

Grundbedürfnisse

Faktoren, die Zufriedenheit bewirken, liegen im Wesentlichen in der positiven Einstellung der Mitarbeiter zur Arbeit und sind intrinsischer Natur.[85] Als wichtigste Motivatoren (Satisfaktoren) werden z. B. Leistungserfolg, Anerkennung, Arbeitsinhalt, Verantwortung und Entfal-

Motivatoren

---

[79] Vgl. Drumm, H.-J. 1994, S. 376f.

[80] Vgl. Becker, F. 2002, S. 603.

[81] Vgl. Kressler, H. 2001, S. 38.

[82] Vgl. Hentze, J., Kammel, A., Lindert, K. 1997, S. 128.

[83] Vgl. Jung, H. 2003, S. 381.

[84] Vgl. Nerdinger, F. 1995, S. 43.

[85] Vgl. Kressler, H. 2001, S. 39.

tungsmöglichkeiten genannt.[86]

Hygienefaktoren Faktoren, die zwar Arbeitsunzufriedenheit verhindern können aber auch keine Zufriedenheit stiften, befriedigen vor allem extrinsische Arbeitsbedürfnisse.[87] Diese Hygienefaktoren (Dissatisfaktoren) sind beisp. Lohn, Status, Entwicklungsaussichten, Beziehungen zu Vorgesetzten und Kollegen sowie Arbeitsbedingungen oder Arbeitssicherheit.[88] Ihr Fehlen führt zu Arbeitsunzufriedenheit, im günstigsten Fall ist mit ihnen der Zustand der Nicht-Arbeitszufriedenheit zu erreichen.[89] Motivatoren und Hygienefaktoren bzw. Ursachen positiver oder negativer Einstellungen sind in Abb. 14 im Anhang dargestellt.

Kontinuum Zwischen Zufriedenheit und Unzufriedenheit liegt eine neutrale Zone, vergleichbar mit dem Nullpunkt eines Thermometers zwischen Plus- und Minustemperaturen.[90] Das Gegenteil von Unzufriedenheit ist, wie folgende Abb. zeigt, demnach nicht Zufriedenheit, sondern das Fehlen von Unzufriedenheit.[91]

Abb. 4: Kontinuum der Hygienefaktoren/Motivatoren nach Herzberg

Zufriedenheit und Unzufriedenheit stehen sich nicht als gegensätzliches Paar gegenüber, sondern können wie in Tab. 3 im Anhang zu sehen, als voneinander unabhängige Pole betrachtet werden.[92]

---

[86] Vgl. Berthel, J., Becker, F. 2003, S. 25.

[87] Vgl. Becker, F. 2002, S. 604.

[88] Vgl. Fakesch, B. 1991, S. 29.

[89] Vgl. Becker, F. 2002, S. 604.

[90] Vgl. Stroebe, R. 1999, S. 82.

[91] Vgl. Staehle, W. 1999, S. 226.

[92] Vgl. Kropp, W. 1997, S. 129.

Als wichtigste Erkenntnisse können festgehalten werden, dass die Hy-   **Fazit**
gienefaktoren bei positiver Bewertung nur zur Beseitigung der Unzufriedenheit führen, bei negativer Bewertung jedoch zu extremer Arbeitsunzufriedenheit. Werden die Motivatoren negativ beurteilt hat dies
eine Nicht-Zufriedenheit zur Folge.[93] Während die Hygienefaktoren al-
lenfalls Unzufriedenheit verringern können, eignen sich die Motivatoren
dazu, die Zufriedenheit nachhaltig zu steigern.[94] Das Gehalt nimmt laut
Herzberg eine Sonderstellung ein, denn bei einer entsprechenden Ge-
haltssteigerung kann dieses sehr wohl zu einer kurzfristigen, nicht aber
zu einer längerfristigen Leistungssteigerung führen.[95]

Als Hauptkritikpunkt wird die Methodengebundenheit der Informations-   **Kritikpunkte**
erhebung angeführt, d. h. die Differenzierung zwischen Motivatoren und
Hygienefaktoren kommt nur mit Hilfe der Befragungsmethode (Methode
der kritischen Ereignisse) zustande; andere Methoden führen zu anderen Resultaten.[96] Weiter wird bemängelt, dass eine empirische Wi-
derlegung der Aussagen nicht möglich ist, da der Großteil des Erklä-
rungsansatzes nur vage formuliert ist.[97] Außerdem wird die Unterteilung
von Zufriedenheit und Unzufriedenheit in zwei separate Dimensionen
bestritten.[98]

Ungeachtet aller Kritik führte die Zwei-Faktoren-Theorie zu wichtigen   **Steigerung der**
Anregungen für die tägliche Personalarbeit. Soll die Leistungsbereit-   **Leistungsbereit-**
schaft langfristig gesteigert werden, muss verstärktes Augenmerk auf   **schaft**
die Motivatoren gelegt werden, da sie sich besonders auf die Arbeitsinhalte beziehen und dauerhafte Arbeitszufriedenheit auslösen können.
Dazu müssen aber auch die Hygienefaktoren positiv beurteilt werden,
damit es nicht zu Arbeitsunzufriedenheit kommt.[99]

---

[93] Vgl. Drumm, H.-J. 1994, S. 377f.

[94] Vgl. Scholz, C. 1994, S. 420.

[95] Vgl. Steinmann, H., Schreyögg, G. 1991, S. 428.

[96] Vgl. Jung, H. 2003, S. 384.

[97] Vgl. Becker, F. 2002, S. 606.

[98] Vgl. Berthel, J., Becker, F. 2003, S. 26.

[99] Vgl. Rosenstil, L. von, Regnet, E., Domsch, M. 2003, S. 201.

2.2.4 Theorie der gelernten Bedürfnisse von McCelland

**Leistungs-
motivations-
theorie**

David C. **McCelland** entwickelte die so genannte Leistungsmotivations-
theorie, nach der die meisten menschlichen Bedürfnisse „aus der kultu-
rellen Umwelt, in der das Individuum lebt, erlernt werden."[100] Dabei hob
er drei bedeutsame **Schlüsselbedürfnisse** im menschlichen Leben
hervor:[101]

**Grund-
bedürfnisse**

* Das Leistungsstreben oder Achievement

* Das Machtstreben oder Power

* Das Bedürfnis nach Zugehörigkeit oder Affiliation[102]

Diese drei Grundbedürfnisse sind laut McCelland in einem Grenzbe-
reich zwischen Bewusstsein und Unbewusstsein angesiedelt und steu-
ern das Verhalten so, dass sie befriedigt werden.[103] Auch das Arbeitsverhalten von Individuen wird durch diese Bedürfnisstruktur beeinflusst.

Leistungsstreben

Die Untersuchungen von McCelland konzentrierten sich dabei auf das
Leistungsbedürfnis, das für die Mitarbeiterführung auch am bedeu-
tendsten ist. Da ein durch Leistung erzielter Erfolg von der sozialen
Umwelt positiv beurteilt wird, ging er davon aus, dass der Mensch
ständig nach Leistung und Erfolg strebt. Wie stark dieses Streben ist,
hängt von unterschiedlichen Sozialisationsprozessen sowie Erfah-
rungen bezüglich Misserfolg und Erfolg ab und ist von Mensch zu
Mensch verschieden.[104] McCelland stellte fest, dass erfolgsmotivierte
Arbeitnehmer, die Hoffnung auf Erfolg hatten, mittelschwere Aufgaben
bevorzugten, während die misserfolgsmotivierten Arbeitnehmer, die

---

[100] Weinert, A. 1987, S. 271.

[101] Vgl. Hentze, J., Kammel, A., Lindert, K. 1997, S. 134.

[102] Vgl. Staehle, W. 1999, S. 227.

[103] Vgl. Kressler, H. 2001, S. 42.

[104] Vgl. Becker, F. 2002, S. 546.

Angst vor Misserfolg hatten, sehr schwere aber auch sehr leichte Aufgaben auswählten.[105]

Neben der Existenz der drei Schlüsselbedürfnisse können weitere Schlüsse aus den Untersuchungen von McCelland und anschließender Studien anderer Forscher gezogen werden. Es besteht eine Vielzahl möglicher Kombinationen aus der jeweiligen Gewichtung der einzelnen Motive, die sich als Mischung aus der gesamten individuellen Lebenserfahrung der Menschen ergeben. Ferner unterliegen die Motive in ihrer Ausprägung sowohl kurzfristigen Schwankungen (z. B. Machtstreben bei zunehmendem Alkoholeinfluss) als auch langfristigen Veränderungen im Zeitablauf.[106] Hieraus ist ersichtlich, dass jeder Mensch verschieden ist, seine eigene Persönlichkeit hat und somit auch individuell motiviert und geführt werden sollte.

Wertung

2.2.5 X-Y-Theorie von McGregor

Als weitere Inhaltstheorie kann die im Jahre 1960 von Douglas **McGregor** entwickelte X-Y-Theorie angeführt werden, die zwei gegensätzliche, extreme **Bilder des Menschen** in der Arbeitswelt darstellt. Dabei waren sowohl Maslows Bedürfnispyramide als auch Teile der Zwei-Faktoren-Theorie von Herzberg Ausgangspunkt seiner Überlegungen.[107]

Ausgangspunkt

McGregor beschrieb mit der Theorie X und Y zwei Alternativen und stellte fest, dass Manager, die an die Theorie X glauben, folgende Auffassung bzw. Vorurteile gegenüber ihren Mitarbeitern besitzen:[108]

Menschenbilder

- Der Durchschnittsmensch hat eine angeborene Abneigung gegen Arbeit und versucht, diese so weit wie möglich zu vermeiden.

Theorie X

---

[105] Vgl. Staehle, W. 1999, S. 229.

[106] Vgl. Scholz, C. 1994, S. 427.

[107] Vgl. Jung, H. 2003, S. 388.

[108] Vgl. Bruce, A., Pepitone, J. 2001, S. 26.

- Als Konsequenz daraus müssen Menschen geführt, kontrolliert und mit Androhung von Sanktionen gezwungen werden, einen produktiven Beitrag zur Erreichung der Organisationsziele zu leisten.

- Der Durchschnittsmensch möchte an die Hand genommen werden, er möchte Verantwortung vermeiden, besitzt verhältnismäßig wenig Ehrgeiz und wünscht vor allem Sicherheit.[109]

Eine Führung im Sinne der Theorie X ermöglicht es dem Mitarbeiter nicht, soziale und höhere Bedürfnisse zu befriedigen. Sie zielt ausschließlich auf die Befriedigung der physischen Bedürfnisse ab.[110] Dieser Auffassung stellt McGregor die Theorie Y gegenüber, die seiner Meinung nach das eigentliche Menschenbild widerspiegelt.[111] Manager, die an die Theorie Y glauben, haben demnach folgende Einstellungen:

Theorie Y

- Der Mensch lehnt die Arbeit nicht grundsätzlich ab, im Gegenteil, Arbeit kann für ihn sogar eine wichtige Quelle der Zufriedenheit darstellen.

- Identifiziert sich der Mensch mit den Zielen der Organisation, sind externe Kontrollen überflüssig und er entwickelt Eigeninitiative und Selbstkontrolle.

- Die wichtigsten Anreize sind die Befriedigung von Ich-Bedürfnissen und das Streben nach Selbstverwirklichung.

- Kreativität und Einfallsreichtum sind häufig anzutreffende Eigenschaften in der arbeitenden Bevölkerung.

- Der Mensch ist nicht nur bereit eigene Verantwortung zu übernehmen, bei entsprechender Anleitung sucht er diese sogar.[112]

Ein Manager, der seine Mitarbeiter nach der Y-Theorie führt, geht davon aus, dass diese ihre Tätigkeit nicht nur des Geldes wegen aus-

---

[109] Vgl. Bartscher, S., Gaugler, E. 1995, S. 190.

[110] Vgl. Jung, H. 2003, S. 387.

[111] Vgl. Bisani, F. 1995, S. 750.

[112] Vgl. Becker, F. 2002, S. 350.

üben. Er bringt ihnen Vertrauen entgegen, lässt ihnen Freiräume und fördert die Zusammenarbeit und das gemeinsame Denken.[113]

Mit der X-Y-Theorie wird deutlich gemacht, inwieweit sich das Führungsverhalten des Vorgesetzten durch das Bild des Menschen beeinflussen lässt. Kritik wird an dieser Theorie in Bezug auf die mangelnde empirische Bestätigung geübt, dennoch liefert sie der Führungskraft als Denkmodell wertvolle Ansätze.[114]

Wertung und Kritik

2.3 Prozesstheorien der Motivationsforschung

Nachdem im Kapitel 2.2 einige wichtige Inhaltstheorien der Motivationsforschung erläutert wurden, folgt nun die Darstellung der so genannten Prozesstheorien. Sie versuchen zu erklären, wie ein bestimmtes Verhalten zustande kommt und wie der Prozess der Motivation abläuft.

Prozesstheorien

2.3.1 VIE-Theorie von Vroom

Die VIE-Theorie (Valenz-Instrumentalitäts-Erwartungs-Theorie) gehört zu den so genannten Erwartungsvalenztheorien, und wurde von Victor H. Vroom entwickelt. Sie kann als das Grundmodell aller neueren Prozesstheorien angesehen werden. Die Ausgangsüberlegung ist hierbei, dass das Individuum die Verhaltensweisen bzw. Alternativen auswählt, von denen es vermutet, dass es dadurch den maximalen Nutzen für sich erzielen kann.[115] Durch eine empirische Studie wurde festgestellt, dass bestimmte Verhaltensweisen bei einem Individuum nur dann aktiviert werden, wenn eine positive Mittel-Zweck-Beziehung zwischen einer Handlung (z. B. Leisten von Überstunden), deren Ergebnis (z. B. Bezahlung) und einem verfolgten Ziel (z. B. Erwerb einer Wohnung) erkennbar ist. Dieser Sachverhalt wird innerhalb der Prozesstheorien

Instrumentalitätstheorie nach Vroom

---

[113] Vgl. Jung, H. 2003, S. 389.

[114] Vgl. Jung, H. 2003, S. 389.

[115] Vgl. Kressler, H. 2001, S. 44.

als Instrumentalität bezeichnet.[116]

Nach Auffassung von Vroom wählen Menschen ihre Ziele einerseits in Abhängigkeit der von ihnen ausgehenden Reizstärke aus, andererseits berücksichtigen sie aber auch die Wahrscheinlichkeit, mit der dieses Ziel durch eine bestimmte Handlung erreicht werden kann.[117] Den Kern seiner Theorie bilden die drei folgenden Komponenten:

Drei Variable

- **V** = *Valenz*: Unter ihr wird die subjektive Belohnung verstanden, die mit der Zielerreichung verbunden ist. Die Folgen der Zielerreichung können vom Individuum sowohl als angenehm wie auch als unangenehm empfunden werden, was bedeutet, dass sich eine positive aber auch eine negative Valenz ergeben kann. Infolge dessen wird die Erreichung eines bestimmten Ereignisses angestrebt oder es werden Energien zur Verhinderung eines Zieleintritts freigesetzt. Außerdem ist auch eine Valenz von Null möglich, d. h. der Mensch ist dem Ergebnis gegenüber indifferent.[118] Es können hierbei zwei Ebenen (Kategorien) von Ergebnissen unterschieden werden. Ergebnisse der ersten Kategorie für ein bestimmtes Leistungsverhalten sind Belohnungen wie beisp. die Bezahlung. Bei den Ergebnissen der zweiten Kategorie handelt es sich indessen um Ziele und Bedürfnisse, die der Mensch gerne erreichen möchte (z. B. Urlaub).[119]

- **I** = *Instrumentalität*: Sie ist, wie weiter oben bereits angesprochen, die instrumentelle Eignung eines Ereignisses der ersten Ebene um damit ein Ziel oder ein Bedürfnis der zweiten Ebene erreichen zu können.[120] Sie zeigt an, inwieweit bestimmte Handlungen und deren Ergebnisse von einem Individuum als ge-

---

[116] Vgl. Fakesch, B. 1991, S. 31.

[117] Vgl. Richter, M. 1989, S. 177.

[118] Vgl. Hentze, J., Kammel, A., Lindert, K. 1997, S. 143.

[119] Vgl. Staehle, W. 1999, S. 232.

[120] Vgl. Weinert, A. 1987, S. 275.

eignete Instrumente zur Zielerreichung gehalten werden.[121]

- **E** = *Erwartung*: Hierunter versteht man die vom Mitarbeiter subjektiv wahrgenommene Wahrscheinlichkeit, mit der eine bestimmte Handlung auch zu einem positiven Handlungsergebnis
  führt. Sie kann Werte von 0 bis +1 annehmen.[122]

Das Modell von Vroom kann mathematisch vereinfacht folgendermaßen formuliert werden:

**Motivations-
formel**

Motivation = Valenz x Instrumentalität x Erwartung

Die Motivation (M) ist hierbei das Produkt aus dem subjektiven Wert
des Ergebnisses der Handlung (V), dem Beitrag der Handlung zur Erreichung eines übergeordneten Ziels (I) und der Eintrittswahrschein-
lichkeit des Handlungserfolges (E).[123] Vereinfacht ausgedrückt: Ein Mitarbeiter ist umso stärker motiviert, je mehr seine individuellen Bedürfnisse durch das Verhalten befriedigt werden (V) und je höher der Er-
wartungswert der Befriedigung ist (Produkt aus I und E). Der Mensch
bewertet diese Komponenten, bildet jeweils die Produktsummen und
kann aufgrund des Ergebnisabgleichs eine Entscheidung fällen.

Zusammenfassend ist festzuhalten, dass Menschen den Zielen nicht
nur einen individuellen Wert zuweisen, sondern auch Urteile über
Wahrscheinlichkeiten, Instrumentalität und Relationen bilden.[124] Die
Verfahrensweise, die Motivation mit einer mathematischen Gleichung
bestimmen zu wollen, erscheint allerdings realitätsfremd und wird regelmäßig als Kritikpunkt angeführt.[125]

**Wertung
und Kritik**

---

[121] Vgl. Schuler, H. 2001, S. 354f.

[122] Vgl. Berthel, J., Becker, F. 2003, S. 27.

[123] Vgl. Jung, H. 2003, S. 391.

[124] Vgl. Scholz, C. 1994, S. 435f.

[125] Vgl. Berthel, J., Becker, F. 2003, S. 28.

2.3.2 Erwartungs-Wert-Modell von Porter und Lawler

Zirkulations-theorie

Das von Lyman W. **Porter** und Edward E. **Lawler** entwickelte Erwartungs-Wert-Modell, auch Zirkulationstheorie genannt, gehört ebenfalls zu den Erwartungsvalenztheorien.[126] Es handelt sich hierbei um eine Weiterentwicklung der Motivationstheorie von Vroom, das die individuellen Erfolgserwartungen noch stärker hervorhebt.[127] Es soll geklärt werden, wie Motivation, Leistung und (Arbeits-)Zufriedenheit zusammenhängen. Das Modell beinhaltet, wie auch Abb. 5 zeigt, insgesamt vier zentrale Variable.

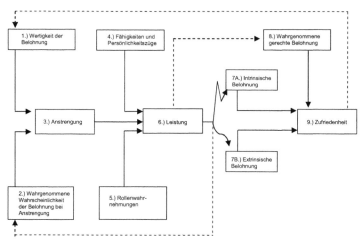

Abb. 5: Die Motivationstheorie von Porter/Lawler

Vier Variable

- Anstrengung (effort)

- Leistung (performance)

- Belohung (rewards)

- Zufriedenheit (satisfaction)[128]

---

[126] Vgl. Jung, H. 2003, S. 393.

[127] Vgl. Richter, M. 1989, S. 178.

[128] Vgl. Berthel, J., Becker, F. 2003, S. 29.

Unter Anstrengung (3) wird die Intensität des Einsatzes verstanden, die **Anstrengung**
ein Mitarbeiter zur Erfüllung seiner Aufgabe aufbringt. Sie ist einerseits
abhängig vom subjektiven Wert der Belohnung (1), andererseits von
der individuell wahrgenommenen Wahrscheinlichkeit (2), die ange-
strebte Belohnung bei tatsächlicher Anstrengung zu erhalten.[129]

Die Leistung (6) kann als das Ergebnis einer Arbeitshandlung angese- **Leistung**
hen werden, die nicht nur durch die Anstrengung, sondern auch durch
die individuellen Fähigkeiten und Persönlichkeitszüge (4) eines Mitarbeiters und die Art und Weise, wie er seine Rolle in der Arbeitssituation
wahrnimmt (5), determiniert wird. Dabei wirken die drei Variablen zusammen, wie folgendes Beispiel zeigt: Ein Mitarbeiter kann auch mit
großen Anstrengungen keine zufrieden stellenden Leistungen erbringen, wenn er über unzureichende arbeitsbezogene Fähigkeiten und
über ein unzutreffendes Rollenverständnis verfügt.[130]

In der Regel folgen auf die Leistung Belohnungen (7), die entweder **Belohnung**
intrinsischer oder extrinsischer Natur sind. Ihre Unterscheidung wurde
bereits in Kapitel 2.1.3 erläutert.[131]

Inwieweit der Mitarbeiter letztendlich Zufriedenheit (9) empfindet ist zu- **Zufriedenheit**
sätzlich davon abhängig, ob er die Belohnung als gerecht empfindet
(8). Hierzu vergleicht der Mitarbeiter die tatsächlich erhaltene Belohnung mit der Belohnung, die er für angemessen und fair hält. Der Grad
der Zufriedenheit bzw. Unzufriedenheit ist umso höher, je größer die
Differenz zwischen den beiden Werten ist.[132] Zufriedenheit ist gemäß
diesem Modell also sowohl eine Voraussetzung wie auch eine Konsequenz der Leistung.

An dem von Porter und Lawler entwickelten Ansatz wird die fehlende **Kritik**
empirische Fundierung und Bestätigung, die Konzentration auf wenige

---

[129] Vgl. Weinert, A. 1987, S. 277.
[130] Vgl. Becker, F. 2002, S. 191.
[131] Vgl. Berthel, J., Becker, F. 2003, S. 30.
[132] Vgl. Weinert, A. 1987, S. 278.

Determinanten, aber auch die Verallgemeinerung der Aussagen bemängelt. Diese Kritikpunke werden „aber bei weitem durch den didak-
tischen wie heuristischen Wert des Modells für die praktische Mitarbeiterführung ausgeglichen."[133]

2.3.3 Balance-Theorie von Adams

Gerechtigkeits-
theorie

Ein weiterer Ansatz innerhalb der Prozesstheorien ist die Balance-
Theorie, auch Gerechtigkeitstheorie genannt, von J. S. **Adams**. Sie
gehört den Gleichgewichtstheorien an und konzentriert sich auf die Interaktionen zwischen dem Menschen und seiner Umwelt.[134] In dieser
Theorie wird davon ausgegangen, dass die sozialen Beziehungen mit
ökonomischen Tauschvorgängen verglichen werden können. Während
der Mitarbeiter seinen Arbeitseinsatz, seine Erfahrung und auch seine
Leistung in das Unternehmen einbringt (Inputs), erwartet er hierfür eine
entsprechende Gegenleistung, beisp. in Form von Bezahlung, sozialer
Sicherheit oder Statussymbolen (Outcomes).[135] Dabei strebt er ein
Gleichgewicht an, und zwar zwischen dem was er leistet, und dem was
er dafür bekommt.[136] Er wird also das Verhältnis zwischen seiner Leistung und seiner Belohnung auf Gerechtigkeit hin überprüfen.[137] Steht
die Bezahlung mit seinem geleisteten Einsatz im Gleichgewicht, so ist
der Mitarbeiter zufrieden (Einsatz-Belohnungs-verhältnis). Um dieses
Gleichgewicht zu ermitteln, überprüft eine Person (P), ob die erhaltene
Nettoentlohnung (N) für einen bestimmten Einsatz (I) der entspricht, die
ein Kollege (A) für denselben Einsatz bekommt.[138] Störungen des
Gleichgewichtes sind bei folgenden Konstellationen gegeben:

Ungleichheit

$$N_P/I_P > N_A/I_A \quad \text{oder} \quad N_P/I_P < N_A/I_A$$

---

[133] Becker, F. 2002, S. 191.

[134] Vgl. Fakesch, B. 1991, S. 33.

[135] Vgl. Hentze, J., Kammel, A., Lindert, K. 1997, S. 138.

[136] Vgl. Bühler, W., Siegert, T. 1999, S. 55.

[137] Vgl. Schanz, G. 1991, S. 208.

[138] Vgl. Jung, H. 2003, S. 395.

Aus dieser Annahme heraus ergeben sich zwei Varianten, wenn das Resultat als ungerecht bewertet wurde. Zum einen das Gefühl der Unterbezahlung (Lohn < Leistung), zum anderen aber auch das Gefühl der Überbezahlung (Lohn > Leistung), wobei die Sensibilität auf Unterbezahlung größer ist als auf die Überbezahlung. Die freigesetzte Motivation soll nun das Gleichgewicht wieder herstellen, z. B. indem der Mitarbeiter einen höheren Lohn fordert, wenn dieser unter dem Lohn der Vergleichsperson liegt, oder indem er seine Leistung an die Leistung des Vergleichspartners anpasst. Ebenfalls möglich ist der Wechsel der Vergleichsperson.[139] Abb. 15 im Anhang veranschaulicht den dargestellten Sachverhalt nochmals.

Festzuhalten ist, dass das Gerechtigkeitsgefühl relativ ist, da es mit der jeweiligen Vergleichsperson variiert. Außerdem ist es fast immer subjektiv ausgelegt, da es von jedem Menschen unterschiedlich empfunden wird. Eine Pauschalaussage, wie Mitarbeiter motivational auf ungerecht empfundene Situationen reagieren, kann aus diesem Grund nicht getroffen werden. Die Führungskraft sollte deshalb eine ausgewogene Differenzierung bezüglich der Mitarbeiterführung wählen.[140]

Fazit

2.3.4 Anreiz-Beitrags-Theorie von March und Simon

Ebenfalls zu den Gleichgewichtstheorien gehört die Anreiz-Beitrags-Theorie von J. G. **March** und H. A. **Simon**. Dieses Modell geht davon aus, dass Organisationsmitglieder ihre von der Organisation erhaltenen Anreize den selbst geleisteten Beiträgen an dieselbe gegenüberstellen.[141]

Tausch-Theorie

Kann ein Mitarbeiter seinen Arbeitsplatz frei auswählen, wird er seine Mitgliedschaft (Teilnahmemotivation) und auch sein leistungsorientiertes Verhalten (Leistungsmotivation) in einem Unternehmen nur dann

Anreiznutzen vs. Beitragsnutzen

---

[139] Vgl. Rosenstil, L. von, Regnet, E., Domsch, M. 2003, S. 206.

[140] Vgl. Scholz, C. 1994, S. 432f.

[141] Vgl. Rahn, H.-J. 2002, S. 55.

erhöhen bzw. beibehalten, wenn und solange sein Anreiznutzen größer bzw. gleich seinem Beitragsnutzen ist. Unter Anreiznutzen werden materielle aber auch immaterielle Belohnungen seitens des Betriebes an den Mitarbeiter verstanden (Anreizsysteme). Der Beitragsnutzen hingegen beinhaltet die Kosten des Mitarbeiters für die geleisteten Beiträge und legt gleichzeitig die Mindesthöhe der anzubietenden Anreize fest.[142] Einen Gleichgewichtszustand erreicht ein Betrieb dann, wenn den Mitarbeitern so viele Anreize gewährt werden können, dass diese bereit sind weiterhin für das Unternehmen zu arbeiten.[143] Der Vergleich zwischen Anreiz- und Beitragsnutzen ist somit zum einen ausschlaggebend für das Verhalten der Mitarbeiter, zum anderen aber auch für Entscheidungen, die den Eintritt oder Austritt aus dem Unternehmen betreffen. Dabei ist es nicht unbedingt notwendig, dass die Anreize monetärer Natur sind. Wichtig ist aber ein erkennbarer Zusammenhang zwischen leistungsfördernden Anreizen und dem geleisteten Beitrag. Als Beispiele für Anreize gelten:

Anreize

- Mitarbeiteradäquate Arbeitsplatzgestaltung

- Leistungsorientierte Beförderungen

- Maßnahmen für ein gutes Betriebsklima

- Entfaltungsspielräume einräumen[144]

Dabei wird der Nutzen von der subjektiven Wahrnehmung bestimmt. Ferner relativiert das Anreiz-Beitragsverhältnis alternativer Angebote die Wirkungen aktueller positiver oder negativer Arbeitssituationen.[145]

Wertung und Kritik

In dieser Theorie werden viele Komponenten berücksichtigt, die auf das Verhalten der Mitarbeiter in Betrieben wirken. Auch werden deren Zusammenhänge untereinander aufgezeigt. Auf der anderen Seite ist das

---

[142] Vgl. Becker, F. 2002, S. 14.
[143] Vgl. Bisani, F. 1995, S. 669.
[144] Vgl. Jung, H. 2003, S. 397.
[145] Vgl. Becker, F. 2002, S. 14.

Modell aber sehr komplex, wodurch eine vollständige Anwendung auf die Praxis ausscheidet. Ein genereller Kritikpunkt an den Gleichgewichtstheorien ist, dass sie viele Verhaltensweisen nur unbefriedigend erklären können.[146] Deshalb wurde der Versuch unternommen, unerklärtes Verhalten durch Zusatzannahmen miteinzubeziehen. Dies führt aber wiederum zu einer sinkenden Aussagekraft der Theorien.[147]

2.3.5 Zieltheorie von Locke

Die Letzte unter den Prozesstheorien, die hier vorgestellt wird, ist die von Edwin A. **Locke** entwickelte Zieltheorie. Er geht davon aus, dass durch die Art und Weise wie eine Führungskraft Ziele festsetzt, die Mitarbeiter zur Leistungserhöhung animiert werden können und deren Motivation gefördert werden kann.[148] Locke ist der Ansicht, dass eine bestimmte Aufgabenerfüllung bzw. Zielsetzung zu Spannungen führt, die durch die Aufgaben- oder Zielerreichung wieder abgebaut werden. Ist die Aufgabe noch nicht gelöst, bzw. das Ziel nicht erreicht, so wird das Individuum durch die vom Ziel ausgehende Valenz motiviert.[149]

Zielsetzungstheorie

Seine zentrale These lautet: Je schwieriger ein Ziel zu erreichen ist, desto höher ist die Leistung. Nicht die leichten oder mittleren Aufgaben steigern die Leistung, sondern schwierige und herausfordernde Aufgaben.[150] Voraussetzung hierfür ist jedoch, dass das Ziel vom Mitarbeiter akzeptiert wird und er sich mit der Aufgabe identifiziert. Abb. 6 stellt die Zieltheorie graphisch dar.

These von Locke

---

[146] Vgl. Jung, H. 2003, S. 397.

[147] Vgl. Neuberger, O. 1985, S. 134.

[148] Vgl. Bisani, F. 1995, S. 674.

[149] Vgl. Staehle, W. 1999, S. 236.

[150] Vgl. Kressler, H. 2001, S. 47.

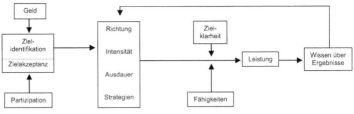

Abb. 6: Zieltheorie von Locke

Demnach müssen folgende Grundvoraussetzungen erfüllt sein:

Vier
Bedingungen

- Zielklarheit

- Zielakzeptanz

- Zielschwierigkeit

- Feedback über die Zielerreichung[151]

Wertung
und Kritik

Der Zieltheorie muss in dem Punkt widersprochen werden, als dass zu hohe Zielvorgaben und Erwartungshaltungen auch zu Demotivation oder gar Resignation des Mitarbeiters führen können. Dies tritt dann ein, wenn sich der Mitarbeiter der Unzulänglichkeiten des eigenen Leistungsvermögens bewusst wird und er daraus negative Konsequenzen seitens des Unternehmens für sich ableitet.

2.4 Zusammenfassung und Schlussfolgerung

Zusammen-
fassung

In Kapitel 2.2 wurden die Inhaltstheorien und in Kapitel 2.3 die Prozesstheorien dargestellt. Aus den Inhaltstheorien können Erkenntnisse darüber gewonnen werden, **was**, also welches Motiv bei Menschen zu einem bestimmten Verhalten führt. Sie sind für die Praxis von erheblicher Bedeutung, da sie zumindest eine Teilantwort auf die Frage geben, wie Anreizsysteme zu gestalten sind. Eine Antwort auf die Frage, **wie** ein bestimmtes Verhalten entsteht, bleiben sie jedoch schuldig.[152]

---

[151] Vgl. Staehle, W. 1999, S. 237.

[152] Vgl. Bühler, W., Siegert, T. 1999, S. 60.

Hierauf versuchen die Prozesstheorien eine Antwort zu geben, was mit Abstrichen auch sicherlich gelingt. Kritisch wird hier aber gesehen, dass die Vorgänge nahezu ausschließlich kognitiv betrachtet werden. Dem Menschen wird unterstellt, er wolle nur seinen subjektiven Nutzen maximieren bzw. sein kognitives Gleichgewicht sichern[153].

Als Schlussfolgerung kann festgehalten werden, dass es keine ‚Motiva-
tionstechnik' gibt, die auf alle Menschen und in allen Situationen an-
wendbar ist. Jeder Mensch hat andere Bedürfnisse. Der Vorgesetze
muss sich zuerst mit der Bedürfnisstruktur des Mitarbeiters vertraut
machen, bevor er motivieren kann.[154] Die Auseinandersetzung mit den
einzelnen Ansätzen bringt ein gewisses Maß des Verstehens, das
beisp. in Fragen der Vergütungspolitik, der Personalentwicklung, der
Zielsetzung und Zielvereinbarungen oder auch bei der Gestaltung von
Führungsgrundsätzen sehr hilfreich ist.[155]

Schluss-
folgerung

Nachdem die Grundlagen der Motivationsforschung erläutert sind, geht es in den folgenden zwei Kapiteln darum, verschiedene Motivationsin-strumente hinsichtlich ihrer Bedeutung und Funktion für die Motivation darzustellen und kritisch zu untersuchen.

---

[153] Vgl. Rosenstil, L. von, Regnet, E., Domsch, M. 2003, S. 204ff.

[154] Vgl. Oppermann-Weber, U. 2001, S. 158.

[155] Vgl. Kressler, H. 2001, S. 51.

3 Materielle Motivationsinstrumente und Anreizsysteme

Differenzierung der Motivationsinstrumente

In der Literatur werden viele unterschiedliche Motivationsinstrumente und Anreizsysteme diskutiert und in der Praxis kommt es zu den vielfältigsten Anwendungen. Hierbei kann, wie in der folgenden Abb. dargestellt, eine Differenzierung in materielle und immaterielle Motivationsinstrumente vorgenommen werden.

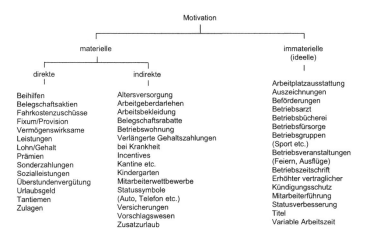

Abb. 7: Beispiele zu immaterieller und materieller Motivation

Diese Darstellung ist jedoch nicht vollständig, es fehlen einige wichtige Motivationsinstrumente, wie sich in den folgenden Kapiteln zeigen wird. Die materiellen Instrumente können in direkte bzw. finanzielle und in indirekte bzw. nichtfinanzielle Bereiche untergliedert werden. Dabei liegt der Fokus vor allem bei den finanziellen Instrumenten.

3.1 Vergütung und variable Lohn- und Gehaltskomponenten

Vergütung allgemein

Eine Grundvoraussetzung für die Motivierung des Mitarbeiters durch die Führungskraft ist eine gerechte Entlohnung, da sie dessen Zufriedenheit und Arbeitsleistung steigert. Die Vergütung sollte zum einen den mit der Arbeitsaufgabe verbundenen Anforderungen entsprechen und der Effizienz des Arbeitseinsatzes gerecht werden. Andererseits ist darauf zu achten, dass auch das Lebensalter, die Betriebszugehörigkeit, der Familienstand usw. bei der Gestaltung des Entgeltes berücksichtigt werden.[156] Bei Vergütung und Gehaltserhöhungen ist ferner von Bedeutung, dass für die Zufriedenheit mit der Bezahlung nicht die absolute, sondern die relative Lohnhöhe, d. h. der soziale Vergleich, entscheidend ist.[157] Zudem tragen bei bereits hohen Einkommen weitere Gehaltserhöhungen nur wenig dazu bei, den Arbeitseinsatz zu erhöhen.[158]

Wissenschaftler und Führungskräfte erhoffen sich durch eine zunehmende Flexibilisierung der Vergütungsbestandteile auf allen Ebenen eine höhere Motivation der Belegschaft, um sich so im Wettbewerb besser behaupten zu können. Speziell durch leistungs- und erfolgsorientierte Entgeltkomponenten sollen alle Mitarbeiter besser motiviert werden. Im Außendienst oder auf Managementebene wird schon seit längerer Zeit mit variablen Gehaltsanteilen entlohnt,[159] ebenso ist die variable Vergütung beisp. in der IT-Branche Standard.[160] Durch eine individuellere und flexiblere Vergütung profitieren die Mitarbeiter unmittelbar von der Höhe des Unternehmenserfolges und werden noch stärker an einer Gewinnmaximierung arbeiten. Zudem soll das unternehmerische bzw. ertragsorientierte Denken und Handeln auf allen Ebenen nachhaltig entwickelt und gefördert werden.[161] In den letzten Jahren ging der Trend stark in Richtung flexibler Entgeltsysteme. Will man die Mitarbeiter zu Mitunternehmer und Beteiligten machen, ist die Vergütung auf drei Ebenen zu flexibilisieren. Zum einen bei der Gestaltung der Vergütungssysteme, zum anderen bei der Festlegung und Abstim-

Flexibilisierung der Vergütungsbestandteile

---

[156] Vgl. Peters, S., Brühl, R., Stelling, J. 2000, S. 165.

[157] Vgl. Rosenstil, L. von, Regnet, E., Domsch, M. 2003, S. 213.

[158] Vgl. Hagemann, G. 1993, S. 46.

[159] Vgl. Evers, H., Hören, M. von 1996, S. 456.

[160] Vgl. o. V. (Frankfurter Allgemeine Zeitung) 2004, S. 55.

[161] Vgl. Dürr, J., Haferbier, C. 2004, S. 17.

mung der messbaren und beurteilungsfähigen Einflusskriterien für die Vergütungshöhe und zuletzt bei der Auswahl und Gestaltung von Auszahlungsalternativen der Vergütung zur Optimierung des Nutzens.[162] Die Gestaltung der flexiblen Vergütungssysteme muss klar, verständlich und nachvollziehbar sein und es darf keine willkürlichen Einflussfaktoren geben. Außerdem können Mitarbeiter durch die variable Vergütung nur dann motiviert werden, wenn sie die Zielgrößen dieser Systeme beeinflussen können.[163] Grundsätzlich soll mit flexiblen Entgeltsystemen sowohl die individuelle jährliche Leistung honoriert, als auch der Mitarbeiter am Unternehmenserfolg beteiligt werden. Entscheidend ist, dass eine sozial verträgliche Ausgestaltung gewählt wird, denn das Vergütungssystem darf die soziale Sicherheit des Mitarbeiters auch beim Zusammentreffen verschiedener Negativereignisse nicht gefährden.[164]

Die erfolgs- und leistungsorientierte Vergütung gilt als der bedeutendste Bereich der variablen Entgeltkomponenten. Des Weiteren wird auch die so genannte team- und gruppenorientierte Vergütung diskutiert.

3.1.1 Erfolgsorientierte Vergütung

Partizipation am Erfolg

Die erfolgsorientierte Vergütung lässt den Mitarbeiter am Erfolg des Unternehmens teilhaben, sie bezieht sich aber nicht auf den individuellen Erfolg des einzelnen Mitarbeiters. Dadurch kommt es in gewissem Umfang zu einer Anpassung der Gehaltskosten an die Ertragssituation des Unternehmens.[165] Bei einer schlechten Erfolgslage ergibt sich für das Unternehmen entsprechend eine geringe Kostenbelastung, dagegen werden bei guten Ertragslagen höhere Gehälter ausgezahlt. Jeder Mitarbeiter soll also zum Mitunternehmer gemacht werden, da er unmittelbar am Ergebnis des Unternehmens beteiligt ist, unternehmerisch

---

[162] Vgl. Stolzenburg, J. 1997, S. 28.
[163] Vgl. www.faz.net/..., 08.08.2004.
[164] Vgl. Münch, G. 1997, S. 26.
[165] Vgl. Jung, H. 2003, S. 878.

denkt und handelt. Als Messgrößen für den Erfolg des Unternehmens können Deckungsbeiträge, Umsatz oder auch der Gewinn verwendet werden.[166] Die erfolgsorientierte Vergütung wirkt aber nur dann positiv auf die Motivation des Mitarbeiters, wenn dieser durch seine Leistung Einfluss auf den Bonus nehmen kann, das Gehaltsrisiko gering bleibt und die Betroffenen dieses System akzeptieren. Außerdem ist darauf zu achten, die Implementierung durch eine gute Informationspolitik zu begleiten.[167]

3.1.2 Leistungsorientierte Vergütung

Im Gegensatz zur erfolgsorientierten Vergütung bezieht sich die leistungsorientierte Vergütung auf den individuellen Erfolg des einzelnen Mitarbeiters. Ihr Ziel ist es zum einen, eine größere Gerechtigkeit in der Vergütung innerhalb des Unternehmens zu erreichen, sowie Einfluss auf die Motivation der Mitarbeiter zu nehmen. Andererseits machen aber auch neue und schlanke Organisationsstrukturen neue Entlohnungsformen notwendig.[168]

Leistung des Einzelnen

Soll mit variablen Entgeltkomponenten die Motivation bei den Mitarbeitern erhöht werden, müssen objektive Messkriterien für die Leistung herangezogen werden. Die Leistungsbeurteilung ist hierbei eine Möglichkeit die Leistung zu messen. Der Vorgesetzte bewertet dann wie die wesentlichsten Aufgaben einer Personalstelle vom Mitarbeiter ausgeführt werden. Auf Grundlage dieser Beurteilung erfolgt die Zuteilung des individuellen Leistungsanteils.[169] Der erhoffte Motivationseffekt kann sich aber ins Negative kehren, wenn sich ein Mitarbeiter ungerecht beurteilt und daraus resultierend auch noch ungerecht bezahlt fühlt.

Leistungsbeurteilung als Messkriterium

---

[166] Vgl. Becker, F. 2004, S. 42.
[167] Vgl. o. V. (Acquisa) 2003, S. 5.
[168] Vgl. Förderreuther, R. 2000, S. 144.
[169] Vgl. Kressler, H. 2001, S. 76.

Ziele als Messkriterium

Eine weitere Möglichkeit den individuellen Erfolg zu messen sind Zielvorgaben. Sie werden gemeinsam zwischen Mitarbeiter und Vorgesetzen festgelegt und können als Maßstab herangezogen werden. Es können Ziele verwendet werden, die direkt an den wesentlichen Aufgaben der Stelle anknüpfen, denkbar sind aber auch einmalige Projekt- und Aktionsziele. Dabei richtet sich die Höhe der persönlichen Leistungszulage nach dem Grad der Zielerreichung.[170]

Kombination beider Methoden

Zur Reduzierung der Schwächen der beiden dargestellten Methoden können diese auch miteinander kombiniert werden. Das heißt, der Erfolg eines Mitarbeiters wird anhand der individuellen Zielerreichung, aber auch anhand der Leistungsbeurteilungen gemessen.[171]

Gefahren und Lösungen

Bei der Definition von entlohnungsrelevanten Leistungskriterien sollte aber Zurückhaltung geübt werden, da es an sich keine gerechten Kriterien gibt und auch die Beurteilung, speziell bei qualitativen Zielsetzungen, schnell einmal kontrovers sein kann.[172] Daraus lässt sich ableiten, dass leistungsorientierte Lohnsysteme leicht kontraproduktive Wirkungen mit sich bringen können. Um aber das durchaus vorhandene Motivationspotenzial dieses Instrumentes voll entfalten zu können, muss bei der Entwicklung und Einführung mit besonderer Sorgfalt agiert werden. Ein zu starker Individualbezug kann außerdem zu Konkurrenz und Neid unter den Mitarbeitern führen, bzw. diese(n) verstärken. Abhilfe können hier Bemessungsgrundlagen schaffen, die Anreize für ein kooperatives Miteinander setzen (z. B. das Teamverhalten als Bestandteil der Zielvereinbarung).[173] Aber auch die bereits dargestellte erfolgsorientierte Vergütung beugt einer zu starken Individualisierung vor. Diese kann auch mit der leistungsorientierten Vergütung kombiniert werden, dann wird ausgehend vom Gewinn des Unternehmens ein entsprechender Betrag in Abhängigkeit von der individuellen Zielerreichung auf die Mitarbeiter verteilt.

---

[170] Vgl. Jung, H. 2003, S. 879.

[171] Vgl. Rau, K.-H., Widmann, S. 1993, S. 333.

[172] Vgl. Kaiser, M. 1995, S. 31.

[173] Vgl. www.ibw.at/…, 10.08.2004.

3.1.3 Team- und gruppenorientierte Vergütung

Eine weitere Entlohnungsform kann die team- und gruppenorientierte Vergütung darstellen, wobei hier das Teamergebnis im Vordergrund steht. In Kreditinstituten beisp. bilden Back Office und Marktbereiche regelmäßig solch ein Team.[174]

Orientierung am Gruppenerfolg

Dabei gibt es in der Praxis unterschiedliche Möglichkeiten die Leistung der Gruppe in den Lohn einfließen zu lassen. Z. B. kann der von einer Gruppe innerhalb eines bestimmten Zeitraumes erreichte Produktivitätsfortschritt als Gruppenprämie auf die beteiligten Mitarbeiter verteilt werden. Ferner kommt in Betracht, bei der erfolgreichen Durchführung von Projektarbeiten eine entsprechende Prämie für die Gruppenmitglieder auszuzahlen. Die bei weitem gebräuchlichsten Bemessungsgrundlagen für die Belohnung der Gruppenleistung stellen jedoch die Deckungsbeiträge und der Umsatz dar. Dagegen werden qualitative Faktoren wie z. B. eine steigende Kundenzufriedenheit kaum berücksichtigt. Die Verteilung der Prämien kann von der Gruppe selbst vorgenommen werden, die Praxis zeigt jedoch, dass eine eigenverantwortliche Aufteilung, ebenso wie eine Aufteilung nach gleichen Teilen, die Ausnahme darstellt. Vielmehr werden die Teammitglieder differenziert, meist in Abhängigkeit von deren Position im Unternehmen bzw. von den jeweiligen Leistungsbeiträgen, entlohnt.[175]

Varianten dieser Vergütungsform und Prämienverteilung

Wichtig ist, dass kein ‚Futterneid' entsteht, vielmehr muss die Teamleistung so honoriert werden, dass hierdurch der Mannschaftsgeist gestärkt wird. Andererseits muss sich für die Gruppenmitglieder aber auch die Einzelleistung lohnen, denn sonst besteht die Gefahr des Free-rider-Verhaltens (Trittbrettfahrer), was bedeutet, dass sich die Mitglieder des Teams hintereinander verstecken und dadurch der individuelle Leistungswille leidet.[176]

Voraussetzungen der Funktionsfähigkeit

---

[174] Vgl. Becker, F. 2004, S. 42.

[175] Vgl. Krafft, M. 2002, S. 76.

[176] Vgl. Nagel, K., Schlegtendal, G. 1998, S. 122.

Fazit

Durch die teamorientierte Vergütung kann die gemeinsame Verantwortung für Teamziele und die gegenseitige Mobilisierung der Teammitglieder gefördert werden. Sie ergänzt die neueren Organisationsformen positiv und kann die Motivation in der Gruppe durchaus steigern.

3.2 Materielle Mitarbeiterbeteiligung

Erfolgs- vs. Kapitalbeteiligung

Unter der Mitarbeiterbeteiligung wird einerseits die immaterielle Beteiligung (Mitbestimmung, Partizipation), andererseits die materielle Beteiligung der Mitarbeiter am Erfolg bzw. am Wachstum des Unternehmens verstanden. Bei der materiellen Beteiligung kann wiederum zwischen der Erfolgsbeteiligung und der Kapitalbeteiligung unterschieden werden.[177] Wesentliches Ziel beider Beteiligungsformen ist die Erhöhung der Motivation sowie die Bindung des Mitarbeiters an das Unternehmen (vgl. hierzu Tab. 4 im Anhang). Außerdem soll der Mitarbeiter zum Mitunternehmer gemacht werden.[178]

3.2.1 Erfolgsbeteiligung

Auf die Erfolgsbeteiligung der Mitarbeiter wurde bereits im Rahmen der erfolgsorientierten Vergütung (Kapitel 3.1.1) eingegangen. Sie wird hier aber der Vollständigkeit halber bzw. als Gegenstück zur Kapitalbeteiligung erneut erwähnt und in etwas anderer Form dargestellt.

Formen der Erfolgsbeteiligung

In der Praxis sind viele Formen der Erfolgsbeteiligung zu finden. Wie die folgende Abb. zeigt, werden grundsätzlich drei Formen der Erfolgsbeteiligung unterschieden:[179]

---

[177] Vgl. Berthel, J., Becker, F. 2003, S. 445.

[178] Vgl. Nagel, K., Schlegtendal, G. 1998, S. 127.

[179] Vgl. Bisani, F. 1995, S. 483.

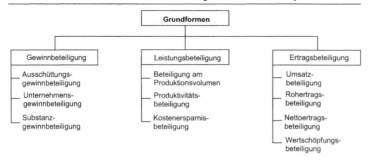

Abb. 8: Grundformen der Erfolgsbeteiligung

Während bei der Gewinnbeteiligung die betriebliche Entwicklung und die Lage auf dem Arbeitsmarkt die wesentlichen Einflussfaktoren darstellen, werden die Mitarbeiter bei der Leistungsbeteiligung an den von diesen beeinflussbaren internen Erfolgen beteiligt. Bei der Ertragsbeteiligung hängt die Beteiligungshöhe dann vom tatsächlich generierten Absatz ab.[180]

Oftmals kommen jedoch nur Führungskräfte in den Genuss einer Erfolgsbeteiligung. Problematisch wird diese Art der Beteiligung dann, wenn der variable Anteil am Gesamtlohn zu hoch ist. Langfristig ausgerichtete Maßnahmen wie beisp. Mitarbeiterschulungen reduzieren den Gewinn und damit auch den Verdienst der Führungskräfte. Diese könnten nun solche Maßnahmen unterbinden, die zwar langfristig gesehen von Vorteil wären, kurzfristig jedoch das Budget der Führungskräfte belasten. Um im Betrieb aber auch langfristig erfolgreich zu sein, muss eine Führungskraft um diese Problematik wissen.[181] Speziell bei der Gewinnbeteiligung halten manche Unternehmen bei sinkenden Erträgen die Ausschüttung an die Mitarbeiter künstlich auf gewohnter Höhe, was bei diesen dann zu einem Gewohnheitseffekt führt. Außerdem können Gewinnbeteiligungserträge nicht so hoch angesetzt werden, dass sie unter Umständen die Existenz der Mitarbeiter gefährden. Dadurch werden aber wiederum die Effekte eingeschränkt. Ein weiteres Manko stellt die Tatsache dar, dass z. B. aus Konkurrenzgründen In-

Gefahren und Nachteile der Erfolgsbeteiligung

---

[180] Vgl. Jung, H. 2003, S. 596f.

[181] Vgl. Peters, S., Brühl, R., Stelling, J. 2000, S. 168.

formationen über Berechnungsgrößen nicht ohne weiteres bekannt gegeben werden können, bzw. für die Mitarbeiter ist es oft schwierig nachzuvollziehen, wie sie die Ergebnisse beeinflusst haben.[182]

Ziele der Erfolgs-beteiligung

Generell stellt die Erfolgsbeteiligung eine Ergänzung der individuellen Vergütung dar. Mit ihr wird versucht, eine stärkere Integration der Mitarbeiter im Betrieb und eine Steigerung ihrer Identifikation mit den Zielen des Unternehmens zu erreichen. Auch die Förderung des ökonomischen Denkens und Handelns ist ein beabsichtigtes Ziel.[183] Ferner soll die Erfolgsbeteiligung zu einem besseren Betriebsklima führen und zu einer Motivierung der Mitarbeiter beitragen.[184] Dies und insbesondere das Ziel der Motivierung kann aber nur dann erreicht werden, wenn die oben angeführten Punkte berücksichtigt werden und das Beteiligungsmodell bei den Mitarbeitern Akzeptanz findet.

3.2.2 Kapitalbeteiligung

Fremdkapital-beteiligung vs. Eigenkapital-beteiligung

Werden die Beträge aus der Erfolgsbeteiligung nicht ausgeschüttet, sondern bleiben im Unternehmen, so spricht man von der Kapitalbeteiligung. Hierbei sind die Mitarbeiter dann nicht nur Arbeitnehmer, sie sind außerdem am Eigen- oder Fremdkapital des Arbeit gebenden Unternehmens beteiligt.[185] In welcher Form dies geschehen kann, ist in der nachstehenden Abb. dargestellt.

---

[182] Vgl. Kressler, H. 2001, S. 191.

[183] Vgl. Berthel, J., Becker, F. 2003, S. 446.

[184] Vgl. Nagel, K., Schlegtendal, G. 1998, S. 131.

[185] Vgl. Peters, S., Brühl, R., Stelling, J. 2000, S. 168.

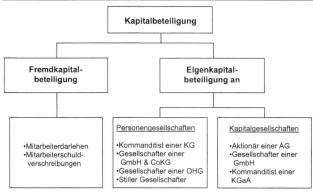

Abb. 9: Formen der Kapitalbeteiligung

Aktiengesellschaften können ihren Mitarbeitern beisp. preiswerte Belegschaftsaktien ausgeben, bei mittelständischen Unternehmen ist es möglich, der Belegschaft eine stille Beteiligung oder die Zeichnung eines Geschäftsanteils anzubieten. Weitere Möglichkeiten stellen Genussscheine, Aktienoptionen und der Intensivlohn dar.[186]

Mitarbeiter, die durch Beteiligungen zu Miteigentümern geworden sind, sollen damit zu einer höheren Motivation, einer stärkeren Bindung an das Unternehmen, größerem Kostenbewusstsein sowie zu mehr ökonomischem Denken und Handeln geführt werden.[187]

Ziele

Eine der bekanntesten Formen der Kapitalbeteiligung ist die Ausgabe von Belegschaftsaktien. Damit wird der Mitarbeiter zu einem Aktionär der Gesellschaft, wobei diese Aktien im Zuge einer Kapitalerhöhung zu einem Vorzugspreis an die Belegschaft ausgegeben werden.[188] Bei den traditionellen Belegschaftsaktienmodellen sind jedoch Schwachstellen festzustellen. Da diese Programme einerseits nicht an die Leistung von Mitarbeiter bzw. Teams geknüpft sind und andererseits auch keinen erwähnenswerten Umfang erreichen, bleiben die erhofften Identifikati-

Belegschaftsaktie

---

[186] Vgl. Nagel, K., Schlegtendal, G. 1998, S. 141ff.

[187] Vgl. Weyers, G. 2003, S. B 4.

[188] Vgl. Jung, H. 2003, S. 600.

ons- und Motivationseffekte oftmals aus.[189] Eine Erhöhung des Beteiligungsumfangs und die Verknüpfung der Beteiligung mit einer verstärkten Leistungs- und Teamorientierung bieten sich daher an.

Aktienoption

Eine weitere Möglichkeit der Kapitalbeteiligung stellen Aktienoptionen dar. Dabei gibt die Unternehmensleitung dem Mitarbeiter das Recht (Option) zu einem in der Zukunft liegenden Zeitpunkt eine bestimmte Anzahl von Aktien der Gesellschaft zu einem vorab festgesetzten Preis zu beziehen. Je stärker der Aktienkurs des Unternehmens bis zu diesem Zeitpunkt ansteigt, desto höher ist der Gewinn bei Ausübung des Optionsrechtes, wobei natürlich nur bei einem inzwischen gestiegenen Aktienkurs ausgeübt wird.[190] Hierzulande erfreuen sich Aktienoptionen zwar einer wachsenden Beliebtheit, zahlreiche Studien belegen aber, dass sie zum einen teuer sind und zum anderen die in sie gesetzten Erwartungen, nämlich den Nachweis ihrer effektiven Wirkung auf die Geschäftstätigkeit, oft nicht erfüllen können.[191]

Kapital-beteiligung als Altersvorsorge

Vorstellbar ist dagegen die Kapitalbeteiligung im Rahmen der investiven Erfolgsbeteiligung als betriebliche Altersvorsorge zu nutzen. Dies erscheint sinnvoll um motivierte Mitarbeiterpotenziale langfristig an den Betrieb zu binden. Auch im Hinblick auf die Situation der gesetzlichen Rentenversicherung ist eine solche Konstellation folgerichtig.

Wertung

Zur Kapitalbeteiligung insgesamt kann angemerkt werden, dass sie bezüglich höherer Mitarbeitermotivation sicherlich kein Selbstläufer ist, aber, sofern sie richtig konzipiert wird, durchaus die angestrebten Identifikations- und Motivationseffekte unterstützen kann. Tendenziell ist festzustellen, dass unter Motivationsgesichtspunkten die eigenkapitalähnlichen Beteiligungen den Fremdkapitalbeteiligungen vorzuziehen sind.[192] Generell können Kapitalbeteiligungen auch mit Erfolgsbeteili-

---

[189] Vgl. Löschner, P., Schuster, H. 1996, S. 604.

[190] Vgl. Kressler, H. 2001, S. 197.

[191] Vgl. Sprenger, R. 2002, S. 182.

[192] Vgl. Bisani, F. 1995, S. 492.

gungen kombiniert werden (vgl. hierzu Abb. 16 im Anhang).[193]

3.3 Sozialleistungen durch das Unternehmen

Die Arbeitnehmer bekommen von den Unternehmen im Rahmen der Gesetzgebung und zum Teil auf freiwilliger Basis verschiedene soziale Leistungen angeboten. Diese betrieblichen Sozialleistungen lassen sich in gesetzliche, tarifliche und freiwillige Sozialleistungen untergliedern.[194]

Drei Formen der Sozialleistungen

Für die gesetzlichen Sozialleistungen wird synonym auch der Begriff Sozialversicherung verwendet, die in Deutschland aus fünf Säulen, nämlich der Kranken-, Renten-, Arbeitslosen-, Unfall- und Pflegeversicherung, besteht. Sie dienen dazu, die Grundrisiken des Lebens der Arbeitnehmer und deren Familien abzudecken.[195] Da die gesetzlichen Sonderleistungen bereits vorbestimmt sind, gibt es keine Gestaltungsspielräume für Arbeitgeber und Arbeitnehmer. Motivierende Impulse gehen von ihnen somit weniger aus.

Gesetzliche Sozialleistungen

Die tariflichen Sozialleistungen werden zwischen dem Arbeitgeber und den Gewerkschaften festgelegt und umfassen beisp. vermögenswirksame Leistungen, Arbeitszeitregelungen, Entgeltfortzahlung im Krankheitsfall über die gesetzliche Dauer hinaus, zusätzliche Urlaubsvergütung bzw. 13. Monatsgehalt und Gratifikationen. Diese Form der Sozialleistung ist, ähnlich wie die gesetzliche, vertraglich fixiert, sodass hier bestenfalls bei ihrer Neueinführung motivierende Aspekte auftreten. Auf Dauer werden sich aber Gewöhnungseffekte einstellen.[196]

Tarifliche Sozialleistungen

Dagegen hat der Arbeitgeber bei den freiwilligen Sozialleistungen freien Handlungsspielraum. Sie stellen Aufwendungen dar, die freiwillig vom Unternehmen getätigt werden, einen Rechtsanspruch auf diese Leis-

Freiwillige Sozialleistungen

---

[193] Vgl. Nagel, K., Schlegtendal, G. 1998, S. 128.

[194] Vgl. Berthel, J., Becker, F. 2003, S. 427.

[195] Vgl. Jung, H. 2003, S. 589.

[196] Vgl. Bisani, F. 1995, S. 338.

tungen haben die Arbeitnehmer hierbei allerdings nicht. Gängige Beispiele für derartige Leistungen sind die betriebliche Altersvorsorge bzw. Direktlebensversicherungen, verbilligtes Kantinenessen, Kioskverkauf zu Einkaufspreisen, Parkmöglichkeiten aber auch Prestigeobjekte und Statussymbole wie Mobiltelefon, Dienstwagen, Büroausstattung usw.[197] Daneben gibt es die so genannten Incentives (Anreiz), bei denen anstelle einer Geldprämie eine Belohnung oder Anreiz für einsatzfreudige Mitarbeiter angeboten wird. Oft finden Wettbewerbe unter den Mitarbeitern um Reisen oder Gutscheine statt.[198]

Motive freiwilliger Sozialleistungen

Als Motive zur Gewährung freiwilliger Sozialleistungen werden z. B. die Förderung der Leistungsfähigkeit und Leistungsbereitschaft der Belegschaft, die Bindung der Mitarbeiter an den Betrieb, die Förderung einer hohen Anziehungskraft auf dem Arbeitsmarkt, die Erzielung finanzwirtschaftlicher und steuerlicher Vorteile sowie die Verringerung der Einflussnahme von Gewerkschaften genannt.[199]

Wertung

An oberster Stelle dieser Aufzählungen stehen Ziele, die Einfluss auf die Mitarbeiter nehmen. Die Mitarbeitermotivation steht hierbei im Vordergrund. Freiwillige Sozialleistungen können durchaus ein effizientes Instrument der Entlohnungspolitik darstellen, allerdings ist der individuelle Nutzen des einzelnen Mitarbeiters für diese Leistungen nicht immer gleich. Das bedeutet, das Unternehmen muss herausfinden, welche Präferenzen die Mitarbeiter haben, was beisp. über eine Mitarbeiterbefragung erfolgen kann.[200]

3.4 Mitarbeiterorientierung durch Cafeteria-Systeme

Cafeteria-Systeme

Die dargestellte Möglichkeit der Mitarbeiterorientierung ist auch über so genannte Cafeteria-Systeme möglich. Sie tragen den in der Vergan-

---

[197] Vgl. Born A. 2001, S. 114.
[198] Vgl. Kressler, H. 2001, S. 156.
[199] Vgl. Jung, H. 2003, S. 593.
[200] Vgl. Hörner, M. 1996, S. 23f.

genheit oft nur unzureichend berücksichtigten, unterschiedlichen und sich wandelnden Bedürfnissen der Mitarbeiter Rechnung. Der Cafeteria-Ansatz besagt, dass jeder Mitarbeiter unter der Prämisse der Kostenneutralität zwischen zeitlich und inhaltlich unterschiedlichen Vergütungskomponenten auswählen kann. Die Auswahl eines an seinen Präferenzen und Bedürfnissen orientierten Menüs erfolgt demnach innerhalb eines vorgegebenen Rahmens (Budget) bzw. innerhalb eines bestimmen Zeitraumes und ist vergleichbar mit der Menüwahl in einer Cafeteria.[201]

Optionen für Cafeteria-Angebote können beisp. Arbeitzeitmodelle, Versicherungsleistungen, Dienstwohnung, Kfz-Leasing, zusätzliche Altersversorgung aber auch ein Medical Check-up sein.[202] Auch eine Vergütung des Geldwertes in Form von Urlaubstagen, Weiterbildungsmaßnahmen bzw. eine Nutzung für Mobiltelefone, Laptops und anderen Sachprämien ist vorstellbar.[203]

Optionen

Das Cafeteria-Modell besteht dabei aus drei Grundelementen:

Elemente des Cafeteria-Systems

- Individualisierung von Vergütungsbestandteilen entsprechend einem Wahlbudget;
- periodisch wiederkehrende Wahlmöglichkeiten der Beteiligten;
- Wahlangebote mit mindestens zwei, besser mehreren Alternativen.[204]

Kennt ein Betrieb die Bedürfnisse und Präferenzen der Mitarbeiter weitestgehend, so ist es möglich, bei gleichem finanziellem Verteilungsspielraum zielgruppengerechtere Leistungen anzubieten.[205] Hierdurch entsteht bei den Mitarbeitern der Eindruck, im Unternehmen werde speziell auf ihre individuellen Bedürfnisse besonders eingegangen. Die

Nutzen

---

[201] Vgl. Berthel, J., Becker, F. 2003, S. 453.

[202] Vgl. Nagel, K., Schlegtendal, G. 1998, S. 191.

[203] Vgl. Birkenfeld, L. 2004, S. 16.

[204] Vgl. Jung, H. 2003, S. 882.

[205] Vgl. Bisani, F. 1995, S. 339.

zur Verfügung stehenden Mittel können mit dem größtmöglichen Nutzen für den einzelnen Beschäftigten eingesetzt werden, der sich im Übrigen noch erhöhen kann, sofern mit der Gewährung der Leistungen steuerliche Vorteile in Anspruch genommen werden können. Über die Budgetierung wird dem Mitarbeiter gleichzeitig vermittelt, wie viel Geld der Betrieb allein bei den Sozialleistungen für ihn ausgibt, was auch förderlich für das Arbeitgeberimage ist. Durch das Wahlrecht an sich und die Möglichkeit der Auswahl aus einem vorgegebenen Menü erhöht sich der subjektive Wert der Sozialleistungen erheblich ohne zu Mehrkosten auf Seiten des Unternehmens zu führen.[206]

Probleme und Gefahren

Die Einführung eines Cafeteria-Systems kann jedoch auch zu Problemen führen. So entsteht regelmäßig ein erheblicher administrativer Aufwand, ebenso sind zahlreiche rechtliche Fragen zu klären. Zudem ist das Cafeteria-Konzept stark von der wirtschaftlichen Entwicklung abhängig. Arbeitslosigkeit, Inflation oder Stagnation können das Interesse daran reduzieren. Nachteile für die Mitarbeiter werden dann auftreten, wenn mit der Einführung des Systems das Budget für bisherige betriebliche Sozialleistungen reduziert werden soll. Außerdem verlieren Gewerkschaften und Arbeitnehmervertreter durch die Individualisierung der Leistungen Einfluss und entsprechende Kontrollmöglichkeiten.[207]

Wertung

Freiwillige Sozialleistungen in Form von Cafeteria-Systemen haben bei den Beschäftigten einen hohen Stellenwert. Die Wahlmöglichkeiten sorgen auch in Zeiten knapper monetärer Mittel für eine effiziente Verteilung. Somit sollte auch in der Zukunft im Rahmen der Mitarbeitermotivation nicht auf derartige Sozialleistungen verzichtet werden.

---

[206] Vgl. Felix, J., Mache, W. 2001, S. 338.

[207] Vgl. Jung, H. 2003, S. 884.

4 Immaterielle Motivationsinstrumente und Anreizsysteme

Neben materiellen Motivationsinstrumenten bzw. Anreizsystemen gibt es, wie weiter oben bereits dargestellt, auch immaterielle Motivationsinstrumente. Diese sind Gegenstand dieses Kapitels.

Immaterielle Motivationsinstrumente

4.1 Motivationsoptimierte Personalführung

Unter Personalführung ist allgemein „die Beeinflussung der Einstellungen und des Verhaltens von Einzelpersonen sowie der Interaktionen in und zwischen Gruppen, mit dem Zweck, bestimmte Ziele zu erreichen"[208] zu verstehen. Jeder Vorgesetzte führt dabei tendenziell nach einem bestimmten, langfristig relativ stabilen Muster bzw. Stil. In der Literatur finden sich unterschiedlichste Ansätze Führungsstile zu beschreiben und zu typisieren.

Personalführung

4.1.1 Führungsstile und soziale Kompetenz

Einer der bekanntesten Ansätze ist die Führungsstiltheorie nach Tannenbaum und Schmidt. Wie Abb. 17 im Anhang zeigt, werden zwischen den beiden Polen *autoritär* und *kooperativ* insgesamt sechs bzw. sieben verschiedene idealtypische Führungsstile (Verhaltensweisen) unterschieden. Der Freiraum der Mitarbeiter und deren Entscheidungspartizipation nehmen hierbei von links nach rechts zu.[209] Allerdings wird von Tannenbaum und Schmidt keiner dieser Führungsstile grundsätzlich bevorzugt, vielmehr entscheiden ihrer Auffassung nach die Charakteristika von Vorgesetzten, Mitarbeiter und Situation über den Erfolg eines Führungsstils. In Abhängigkeit von der Konstellation der einzelnen Charakteristika wird also ein unterschiedlicher Führungsstil erforderlich.[210]

Kontinuum-Theorie

---

[208] Staehle, W. 1999, S. 328.

[209] Vgl. Berthel, J., Becker, F. 2003, S. 68.

[210] Vgl. Hentze, J., Kammel, A., Lindert, K. 1997, S. 253.

Autoritärer vs. kooperativer Führungsstil

In der Tat gibt es keinen idealen Führungsstil, der generell zu Leistung und Zufriedenheit der Mitarbeiter führt. Die Wirksamkeit ist gekoppelt an die Aufgabenart, an die Gruppengröße und -struktur sowie an die Eigenart der Geführten. Festzustellen ist aber, dass bei einem autoritären Führungsstil, bei dem der Vorgesetzte allein bestimmt, es nicht zu einer Identifikation der Mitarbeiter mit der Aufgabe kommt. Außerdem resignieren sie bei Schwierigkeiten und arbeiten nur extrinsisch motiviert. Werden dagegen klar definierte Aufgaben an die Mitarbeiter delegiert oder stimmt sich der Vorgesetze mit diesen bezüglich Weg und Ziel der Aufgabenausführung ab, beisp. im Rahmen der kooperativen Führung, so kommt es zu einer stärkeren Aufgabenidentifikation. Der Mitarbeiter wird die Aufgabe als die seine erleben und intrinsisch motiviert arbeiten. Ein größerer Entscheidungsspielraum der Mitarbeiter erscheint also empfehlenswert, da hierdurch einerseits die Zufriedenheit steigt, andererseits langfristig auch die Leistung erhöht werden dürfte.[211]

Schlüssel-qualifikationen

Wichtige Voraussetzungen für die Akzeptanz und Autorität der Führungskraft sind dabei die Fachkompetenz, sprich der hinreichende Sachverstand bzw. Expertenwissen, die Methodenkompetenz und die soziale Kompetenz.[212] Seit einigen Jahren kommt dabei der Methodenkompetenz, also dem analytischen Denken bzw. dem Wissen um verschiedene Methoden zur Zielerreichung, und insbesondere der sozialen Kompetenz eine größere Bedeutung zu. Letztere umfasst die Fähigkeit eines Menschen zu einem angemessenen und effektiven Verhalten, vor allem zur Kooperation und Kommunikation in einem sozialen System. Hierzu gehören beisp. Einfühlungsvermögen, Offenheit aber auch Teamfähigkeit. Sozialkompetenz und Methodenkompetenz werden oft als Schlüsselqualifikationen bzw. Soft Skills bezeichnet und tragen wesentlich zum Erfolg von Führungsprozessen bei.[213] Einer Führungskraft stehen nun verschiedene Motivationsinstrumente zur Verfügung, eines

---

[211] Vgl. Rosenstil, L. von 2001, S. 136ff.

[212] Vgl. Comelli, G., Rosenstil, L. von 1995, S. 110.

[213] Vgl. Hirschsteiner, G. 2003, S. 70.

davon ist das Führen durch Delegationen.

4.1.2 Motivierung durch Delegationen

In der heutigen Arbeitswelt ist es aufgrund der Vielzahl von zu erledi-   Definition und

genden Aufgaben nahezu unmöglich, diese in ihrer Gesamtheit einer   Voraussetzungen

Person zu übertragen. Deshalb muss ein Vorgesetzter anstehende

Aufgaben teilweise delegieren, d. h. Mitarbeitern Aufgaben mit klar ab-

gegrenzten Verantwortlichkeiten und Kompetenzen zur eigenständigen

Bearbeitung übertragen.[214] Als Voraussetzung für eine erfolgreiche De-

legation sind die Aufgaben, die Befugnisse des Mitarbeiters und die

Verantwortung, die sich aus der Aufgabenstellung ergibt, aufeinander

abzustimmen.[215] Außerdem gehört viel Vertrauen dazu, Mitarbeitern

eigenständige Bereiche einzuräumen. Der Vorgesetzte muss sich zu-

dem ein Bild über deren notwendige Qualifikationen machen und even-

tuell Qualifizierungsmaßnahmen einleiten. Ferner muss zwischen dele-

gierbaren und nicht delegierbaren Aufgaben unterschieden werden.[216]

Von Vorteil ist sicher, dass Entscheidungen auf der Ebene getroffen   Vorteile und

werden, auf der sie am fachgerechtesten entschieden werden können,   Gefahren

nämlich bei den Mitarbeitern. Bei diesen kommt es einerseits zu einer

Förderung der Eigeninitiative und der Verantwortungsbereitschaft, an-

dererseits werden die Bedürfnisse nach Anerkennung und Selbstver-

wirklichung erfüllt, woraus eine erhöhte Motivation und Arbeitszufrie-

denheit resultiert. Die Führungskräfte hingegen werden von Routine-

entscheidungen entlastet, und können sich somit auf die eigentlichen

Führungs- und Steuerungsaufgaben konzentrieren. Außerdem ist durch

die Delegation auch das Erkennen von Mitarbeiterpotentialen mög-

lich.[217] Eine Gefahr besteht allerdings dann, wenn Vorgesetzte nur un-

interessante Aufgaben delegieren, Angst vor Autoritätsverlust haben,

an den Fähigkeiten der Mitarbeiter zweifeln und den Willen haben, am

---

[214] Vgl. Oppermann-Weber, U. 2001, S. 133.

[215] Vgl. Kilian, H. 1993, S. 15.

[216] Vgl. Stroebe, R. 2002, S. 49.

[217] Vgl. Jung, H. 2003, S. 443.

liebsten alles selbst zu erledigen.[218] Solche Fehler sollten vermieden werden um der Motivierung der Belegschaft nicht im Wege zu stehen.

4.1.3 Motivierender Aspekt von Zielvereinbarungen

Definition und Voraussetzungen

Das Führen durch Zielvereinbarungen, auch ‚Management by Objectives' (MbO) genannt, ist ein wichtiger Bestandteil einer modernen Führungskultur zur Optimierung der Mitarbeitermotivation. Innerhalb des Zielvereinbarungsprozesses (siehe Abb. 18 im Anhang) haben die Führungskräfte die Aufgabe, zusammen mit ihren Mitarbeitern Ziele festzulegen, die aus den Unternehmenszielen abgeleitet und auf die darunter liegenden Führungsebenen herunter gebrochen werden. Dabei werden nur die Ziele festgelegt, die Wahl der Ressourcen und Maßnahmen zur Zielerreichung fallen vollständig in den Aufgabenbereich des Aufgabenträgers.[219] Von entscheidender Bedeutung ist, dass die Teilziele gemeinsam erarbeitet werden und Aufgabenbereiche und Verantwortlichkeiten durch präzise Stellenbeschreibungen klar definiert sind.[220] Um eine optimale Zielverfolgung bzw. eine Identifikation der Mitarbeiter mit den Zielen zu erreichen, müssen gewisse Ansprüche an die Ziele gestellt werden. Sie müssen realistisch, messbar, anspruchsvoll, schriftlich vereinbart, widerspruchsfrei und zugleich für einen bestimmten Zeitraum definiert sein.[221]

Nutzen und Nachteile

Sind diese Voraussetzungen erfüllt, wird der Mitarbeiter wesentlich motivierter auf die Erreichung hinarbeiten. Seine Identifikation mit dem Ziel und seiner Arbeit wird erhöht und das Erreichen von Zielen führt bei ihm zu Erfolgserlebnissen. Darüber hinaus kommt es zu einer Entlastung der Führungsspitze. Es werden alle Subziele und Sollwerte auf die Oberziele ausgerichtet und auch Zielkonflikte können aufgedeckt werden. Nachteilig ist der relativ hohe Zeitaufwand, der aufgrund der moti-

---

[218] Vgl. Niermeyer, R. 2001, S. 118.

[219] Vgl. Becker, F. 2002, S. 344f.

[220] Vgl. Hentze, J., Kammel, A., Lindert, K. 1997, S. 640.

[221] Vgl. Nerdinger, F. 2003, S. 54.

vierenden Wirkung allerdings in Kauf genommen werden sollte.[222]

4.1.4 Führungskräfte als Coach (Coaching)

Eine ständigen Veränderungen unterliegende Berufswelt löst bei vielen Personen den Wunsch nach Beratung – dem Coaching – aus. Der Begriff Coaching kommt ursprünglich aus dem Leistungssport und bedeutet soviel wie ‚einpauken' oder ‚trainieren', mit dem Ziel die Leistungen des Sportlers zu steigern. Ähnlich wie beim Sport agiert die Führungskraft bzw. ein interner Berater als Coach, indem dieser die individuelle Betreuung seiner Mitarbeiter übernimmt. [223] Ebenfalls denkbar ist ein firmenexterner Berater mit entsprechenden Referenzen, der das Training der Führungskräfte durchführt.[224] Ziel des Coachings ist es, die Arbeitsresultate dauerhaft zu verbessern, die Persönlichkeit der Mitarbeiter weiterzuentwickeln und auch bei der Bewältigung von Krisen zu helfen. Es stellt in gewisser Weise eine Art Hilfe zur Selbsthilfe dar, durch das Schwachstellen der Mitarbeiter in Stärken umgewandelt werden sollen.[225] Die Kunst des Coachings besteht darin, dem Mitarbeiter aktiv zuzuhören, diesen unauffällig zu beobachten und im Anschluss daran ein konstruktives Feedback zu geben.[226]

Definition und Funktion

Wollen Führungskräfte als Coach gut sein, müssen sie ihren Mitarbeitern vertrauen und ihnen Akzeptanz und Wertschätzung entgegen bringen. Der Gecoachte muss die Unterstützung freiwillig in Anspruch nehmen, außerdem ist zwischen Coach und Mitarbeiter absolute Diskretion zu gewährleisten.[227] Es wird deutlich, dass Coaching in engem Zusammenhang mit der sozialen Kompetenz gesehen werden muss, da diese für ein optimales Coaching eine wesentliche Voraussetzung darstellt. Denn nur die Führungskraft, die in der Lage ist, den einzelnen

Voraussetzungen

---

[222] Vgl. Jung, H. 2003, S. 442.

[223] Vgl. Oppermann-Weber, U. 2001, S. 320ff.

[224] Vgl. Prochnow, E. 2004, S. 52.

[225] Vgl. Haberleitner, E., Deistler, E., Ungvari, R. 2001, S. 24.

[226] Vgl. Schuler, H. 2001, S. 271.

[227] Vgl. Oppermann-Weber, U. 2001, S. 323.

Mitarbeiter und seine Stärken und Schwächen differenziert wahrzunehmen, kann jeden Mitarbeiter individuell unterstützen. Die Qualität des Coachings, und somit auch dessen motivationale Wirkung, sind also von den individuellen Fähigkeiten und den eingesetzten Methoden des Coaches abhängig.[228]

4.1.5 Motivation durch Vertrauen

Definition und Vertrauensbildung

Das Vertrauen des Vorgesetzten in den Mitarbeiter und dessen Leistungskraft spielt im Unternehmen eine entscheidende Rolle. Mit Vertrauen ist allgemein die Zuversicht in die Integrität und Fähigkeiten eines Menschen gemeint, wobei diese nicht gefordert, sondern nur entgegengenommen werden kann.[229] Zurückhaltung und Aufrichtigkeit sind geeignet, um eine vertrauensvolle Atmosphäre zu schaffen. Hierzu hat der Vorgesetzte natürlich seine eminent wichtige Vorbildfunktion wahrzunehmen. Vertrauen kann aber auch dadurch geschaffen werden, dass beisp. im Unternehmen auf Zeiterfassungssysteme verzichtet wird. Dies stellt einen Vertrauensvorschuss dar, der dem Mitarbeiter ein enormes Maß an Verantwortungsbereitschaft sowie Selbständigkeit attestiert. Förderlich für ein vertrauensvolles Arbeitsklima ist sicher auch der rücksichtsvolle und respektvolle Umgang mit den Mitarbeitern, denn je stärker bei diesen Vertrauen und Zuversicht ausgeprägt sind, desto motivierter werden sie sich der Arbeit annehmen.[230]

Self-fulfilling Prophecy

Menschen verhalten sich zudem oft so, wie es von ihnen erwartet wird. Damit sind Vorhersagen gemeint, die ihre eigene Erfüllung verursachen. Dies bedeutet auf das Unternehmen bezogen, dass der Mitarbeiter das ihm zugetraute Verhalten auch in der Realität zeigen wird. Vertraut ein Vorgesetzter auf ein hohes Leistungspotenzial seiner Mitarbeiter, dann werden diese alles tun, dieses Vertrauen durch ihr Verhalten zu rechtfertigen. Wird ihnen allerdings nichts zugetraut, wird deren

---

[228] Vgl. Jung, H. 2003, S. 551.

[229] Vgl. Richter, M. 1989, S. 274.

[230] Vgl. Bruce, A., Pepitone, J. 2001, S. 112.

Leistung entsprechend gering ausfallen.[231]

4.1.6 Information und Kommunikation

Kommunikation wird definiert als „der wechselseitige Informationsaustausch innerhalb der Organisationen – meist in Form gesprochener oder geschriebener Sprache."[232] Informationen gibt es im Unternehmen in vielfältigster Art, wie z. B. Stellenausschreibungen, neue Strategien, Informationen über Wettbewerber aber auch unternehmens- bzw. aufgabenunabhängige Nachrichten sind denkbar. In größeren Unternehmen gibt es hierzu sogar Hotlines.[233] Information und Kommunikation dienen neben der Aufgabenerledigung auch dem menschlichen Bedürfnis nach Zuwendung, Sicherheit und sozialem Kontakt.[234] Ebenso kann die Neugier sowie das Bedürfnis nach Selbstverwirklichung befriedigt werden. Der Empfänger von Informationen kann sich frühzeitig auf neue Situationen einstellen und sich somit absichern.[235] In der heutigen Zeit müssen Mitarbeiter mitverantworten und mitdenken. Ein hinreichender Informationsstand der Mitarbeiter ist daher eine wichtige Grundvoraussetzung und ist von der Führungskraft zu gewährleisten. Nur dadurch ist es ihm möglich einen Überblick über die gesamte Aufgabe und deren Komplexität zu erlangen. Er erkennt Stellenwert und Sinn der eigenen Arbeit und fühlt sich akzeptiert, wenn er informiert ist. Ziel ist eine Stärkung des Vertrauens und das Anregen ökonomischen Denkens, sodass sich seine Eigenverantwortung weiterentwickelt.[236]

Definition und Nutzen

Der Art und Weise, wie ein konstruktiver Informationsfluss gestaltet wird, kommt demnach eine große Bedeutung zu. Eine ausschließlich schriftliche Kommunikation erfüllt hier den Zweck nicht, es fehlt die per-

Anforderungen an die Kommunikation

---

[231] Vgl. Sprenger, R. 2002, S. 217.

[232] Rosenstil, L. von 2001, S. 147.

[233] Vgl. Zielke, C. 2004, S. 43.

[234] Vgl. Kilian, H. 1993, S. 15.

[235] Vgl. Rosenstil, L. von 2001, S. 147.

[236] Vgl. Lohe, R. 2004, S. 11.

sönliche Note.[237] Wichtig ist auch, dass der Vorgesetzte nicht nur informiert, er sollte den Mitarbeitern die Möglichkeit geben, ihre Meinung zu äußern und Einfluss zu nehmen. Dabei sollte der Informationsaustausch persönlich und direkt zwischen Vorgesetzen und Mitarbeiter ablaufen. Eine Zwischenschaltung von weiteren Personen kann zur bewussten oder unbewussten Informationsselektion oder sogar zu Informationsverfälschungen führen, was Missverständnisse und Gerüchte zur Folge hat. Gerade letztere sind ein Zeichen für eine schlecht funktionierende innerbetriebliche Kommunikation und können beim Mitarbeiter Frustration auslösen.[238]

Kommunikations-möglichkeiten

Ein Instrument um Informationsdefizite seitens der Mitarbeiter festzustellen ist die Mitarbeiterbefragung. Diese Defizite gilt es abzubauen, was durch Mitarbeitergespräche, Abteilungskonferenzen oder auch Betriebsversammlungen geschehen kann. Auch der Einsatz von so genannten Kommunikationsbeauftragten ist möglich. Sie werden von den Mitarbeitern gewählt und versorgen ihren Bereich mit notwendigen Informationen. Es werden aber auch einfache Kommunikationsmöglichkeiten praktiziert. Eine offen stehende Bürotür signalisiert, dass jeder eintreten kann, um Anliegen vorzutragen. Das Duzen quer durch alle Hierarchien soll außerdem ehrliche und offene Gespräche fördern.[239]

Wertung

Mehr Wissen um die Zusammenhänge und Organisation im Betrieb fördert die Identifikation mit dem Unternehmen und somit auch die Motivation der Belegschaft, was die Informations- und Kommunikationspolitik zu einem bedeutenden Motivationsinstrument macht.

4.1.7 Annerkennung und Kritik

Loben

Wie Mitarbeiterbefragungen immer wieder zeigen, vermisst der Mitarbeiter vor allem eines: Anerkennung. Sie ist eine Voraussetzung für

---

[237] Vgl. Kressler, H. 2001, S. 60.

[238] Vgl. Rosenstil, L. von 2001, S. 148ff.

[239] Vgl. Buttkus, I. 2000, S. 68.

den Mitarbeiter, um sich zu entwickeln. Dieser erhält dadurch einerseits Feedback über seine Leistungen (Informationsfunktion), andererseits spielt die Motivationsfunktion von Lob und Annerkennung eine wichtige Rolle. Doch oft wird in Unternehmen gar nicht oder falsch gelobt. Wichtig ist, dass Lob und Annerkennung eine Leistung bzw. ein Arbeitsergebnis hervorheben.[240] Dagegen verliert zu häufiges, überschwängliches oder gar grundloses Loben schnell seine Wirkung. Auch sollte nicht die Person, sondern deren Leistung gelobt werden. Bei lobenswerten Gruppenleistungen ist darauf zu achten, dass keine einzelnen Mitarbeiter, sondern die gesamte Gruppe gelobt wird, da dies für die restlichen Gruppenmitglieder einer Herabsetzung bedeuten kann.[241]

Lob ist eine Form von Kritik, und zwar positive Kritik, was bedeutet, dass Kritik nicht zwangsläufig mit etwas Negativem assoziiert werden muss (vgl. hierzu Abb. 19 im Anhang). Die positive Kritik erhöht dabei die Zufriedenheit und das Selbstwertgefühl der Mitarbeiter, was oft eine Steigerung der intrinsischen Motivation und der Leistungsbereitschaft mit sich bringt.[242] Wird dagegen gar nicht gelobt, wird es dazu auch bald keinen Grund mehr geben. Hierzu sei noch einmal auf die Self-fulfilling Prophecy verwiesen. Es muss sich die Frage gestellt werden, ob es eine einfachere und kostengünstigere Alternative als Lob, im Hinblick auf die Mitarbeitermotivation, überhaupt gibt. Die Anwendung negativer Kritik ist dagegen nicht so einfach wie das Loben und es wird oft der Fehler begangen, auf Missstände nicht sofort, sondern erst dann zu reagieren, wenn sich Kritik bereits angestaut hat. Die Folge der Kritik ist dann oft Arbeitsunlust und Verschlossenheit der Mitarbeiter. Damit dieser aber sein Fehlverhalten einsieht und sich künftig anders verhält, sollte Kritik nur unter vier Augen geübt werden und nicht die Person, sondern die Sache sollte kritisiert werden. Auch ist eine Kritik aus dem Affekt heraus oder in übertriebener Form zu vermeiden.[243] Denn der Arbeitsatmosphäre schadet es sehr, wenn der Mitarbeiter nach dem

Positive vs. negative Kritik

---

[240] Vgl. Nerdinger, F. 2003, S. 21.

[241] Vgl. Jung, H. 2003, S. 452.

[242] Vgl. Frey, B., Osterloh, M. 2002, S. 100.

[243] Vgl. Comelli, G., Rosenstil, L. von 1995, S. 85ff.

Tadel immer noch vom richtigen Handeln überzeugt ist. Am Ende des Gespräches sollten sich Vorgesetzter und Mitarbeiter auf eine ‚Spielregel' zur besseren Zusammenarbeit einigen.[244]

4.2 Motivierende Instrumente einer modernen Führungskultur

Während die in Kapital 4.1 erläuterten Elemente mehr in den sozialen Bereich des täglichen Lebens eingeordnet werden können, handelt es sich bei den nun folgenden Instrumenten um formale Bestandteile einer modernen Führungskultur.

4.2.1 Motivation durch zeitgemäße Personalentwicklung

Ein weiteres wichtiges Motivationsinstrument ist die Personalentwicklung. Sie umfasst alle Maßnahmen, die der Erhaltung und Verbesserung der Qualifikationen der Mitarbeiter dienen.[245]

4.2.1.1 Ziele und Maßnahmen der Personalentwicklung

Ziele

Die Qualifikation der Mitarbeiter und Führungskräfte ist von entscheidender Bedeutung, um den gegenwärtigen und zukünftigen betrieblichen Anforderungen gerecht zu werden. Die Personalentwicklung befasst sich dabei mit Personalförderungsmaßnahmen eines Unternehmens sowie mit der Thematik der Aus-, Fort- und Weiterbildung. Sie kann nur dann zum Erfolg führen, wenn bei allen Beteiligten Klarheit über die zu erreichenden Ziele besteht und beim Arbeitnehmer die Motivation vorhanden ist, sich qualifizieren zu wollen. Ziel sollte ein Ausgleich der Interessen sein, indem persönliche Karriereziele des Mitarbeiters in die allgemeinen Ziele des Unternehmens integriert werden, um so für beide Seiten den maximalen Nutzen zu erreichen.[246] Ziele

---

[244] Vgl. Lentz, B. 2004, S. 67.

[245] Vgl. Rahn, H.-J. 2002, S. 145.

[246] Vgl. Jung, H. 2003, S. 246.

aus Sicht des Betriebes sind z. B. die Sicherung des Bestandes an Spezialisten und Führungskräften, die Erreichung größerer Unabhängigkeit von externen Arbeitsmärkten aber auch die Entdeckung von Fehlbesetzungen im Betrieb.[247] Aus Mitarbeitersicht stellt die Personalentwicklung zum einen ein Mittel der persönlichen Entfaltung und Selbstverwirklichung dar, auf der anderen Seite wird aber auch das Ziel verfolgt, durch eine Verbesserung der eigenen Qualifikation die Karriere- und Laufbahnmöglichkeiten zu verbessern und den Ansprüchen am Arbeitsplatz gerecht zu werden. Die Befriedigung dieser Ziele kann beim Mitarbeiter zu einer enormen Steigerung der Motivation führen. Eine Voraussetzung hierfür ist allerdings, dass dieser die Personalentwicklungsmaßnahmen als Erfolg versprechend interpretiert.[248]

Personalentwicklungsmaßnahmen können in stellengebundene, stellenübergreifende und stellenungebundene Maßnahmen differenziert werden. Die folgende Abb. gibt hierzu einen Überblick:

Maßnahmen

Training-on-the-job	Training-near-the-job	Training-off-the-job
Arbeitsbereicherung (Job Enrichment)	Qualitätszirkel	Programmierte Unterweisungen
Arbeitserweiterung (Job Enlargement)	Projektarbeit	Computer Based Training
Arbeitsplatzwechsel (Job Rotation)	Workshops	Fallstudien und Planspiele
Einarbeitung neuer Mitarbeiter	Erfahrungsaustauschgruppen	Fachseminare und -konferenzen
Planmäßige Unterweisungen	Förderkreise	Führungs-, Kooperations- und Kommunikationstraining
Stellvertretung, Assistenten- und Nachfolgefunktionen	Coaching	Verkaufstraining
	Teamentwicklung	Seminare zur Persönlichkeitsentwicklung

Tab. 1: Maßnahmen der Personalentwicklung

Nachfolgend wird auf einzelne Maßnahmen näher eingegangen.

---

[247] Vgl. Staehle, W. 1999, S. 875.

[248] Vgl. www.bw.fh-deggendorf.de/..., 20.08.2004.

4.2.1.2 Job Rotation, Job Enlargement, Job Enrichment

Arbeitsplatz- Unter Job Rotation versteht man den systematisch geplanten Arbeits-
wechsel platz- bzw. Aufgabenwechsel. Dadurch hat der Mitarbeiter die Möglichkeit, seine fachlichen Kenntnisse bzw. seinen abteilungsinternen Hori-
zont gezielt zu erweitern und zu vertiefen. Die Einsatzflexibilität wird
erhöht und der Monotonie entgegengewirkt.[249] Er lernt bereichsüber-
greifende Zusammenhänge kennen, parallel dazu wird die Sozialkompetenz entwickelt. In der Regel kommt es durch die häufigen Ände-
rungen der Anforderungen zu einer Aufwertung der Stellung im Unternehmen und somit zu einer positiven Motivationswirkung. Als Gestaltungsformen für die Job Rotation kommen z. B. das Traineeprogramm,
speziell für Hochschulabsolventen bzw. Berufseinsteiger, sowie der
Einsatz als ‚Springer' in Betracht.[250] Kritisch ist jedoch zu sehen, wenn
ein Mitarbeiter seinen Arbeitsplatz nicht freiwillig verlassen möchte, da
er mit diesem zufrieden ist oder er durch das Rotationsprinzip zumindest zeitweilig gezwungen wird, an einem Arbeitsplatz zu arbeiten, an
dem er nicht tätig werden will.

Aufgaben- Beim Job Enlargement sind mehrere gleichartige Tätigkeiten, die bis-
erweiterung lang von verschiedenen Mitarbeitern bzw. an unterschiedlichen Arbeitsplätzen erledigt wurden, zusammengefasst.[251] Das gegenwärtige
Aufgabenfeld einer Stelle wird also erweitert, eintönige Arbeitsabläufe
werden abwechslungsreicher gestaltet, um so der Monotonie und der
einseitigen Belastung mit den daraus resultierenden Ermüdungsformen
entgegenzuwirken. Die Arbeitsvorgänge werden zwar quantitativ, nicht
aber qualitativ erweitert, sodass keine höhere Qualifizierung der Mitarbeiter notwendig wird, was wiederum zu einer begrenzten motivations-
psychologischen Wirkung führt.[252]

---

[249] Vgl. Zielke, C. 2004, S. 43.
[250] Vgl. Jung, H. 2003, S. 207.
[251] Vgl. Rahn, H.-J. 2002, S. 137.
[252] Vgl. Nerdinger, F. 1995, S. 63.

Das Job Enrichment stellt die Ganzheit einer Aufgabe in den Vorder- **Aufgaben-**
grund. Planung, Entscheidung, Durchführung und Kontrolle werden **bereicherung**
zusammengeführt, indem Kontroll- und Entscheidungsspielräume in die
Arbeitsaufgabe integriert bzw. erweitert werden. Hierbei gibt es verschiedene Gestaltungsformen. Einerseits kann durch zusätzliche Ent-
scheidungskompetenzen eine Erweiterung des gesamten Aufgabenge-
bietes erreicht werden, andererseits ist es möglich, einzelne Aufgaben
durch besondere Vollmachten bzw. Kompetenzen zu erweitern.[253] Der
Aufgabenbereich der Mitarbeiter wird also um bestimmte Verantwortlichkeiten bereichert bzw. Arbeitsvorgänge werden qualitativ ange-
reichert. Durch diese Maßnahme sind für den Mitarbeiter persönliche
Erfolgserlebnisse besser erkennbar, ferner nimmt die Befriedigung der
Sicherheitsbedürfnisse zu, da die freiwillige Mehrarbeit und Qualifikation zu einer höheren Arbeitsplatzsicherheit führt.[254] Das Job Enrichment
erhöht also die motivationale Wirkung einer Arbeit durch die Anreiche-
rung dieser mit sinnvollen Inhalten, während das Job Enlargement pri-
mär die Monotonie reduziert und wie gesehen eher begrenzte Motivationswirkung besitzt.[255]

4.2.1.3 Qualitätszirkel

Eine Maßnahme des ‚Training-near-the-job' stellt z. B. der Qualitätszir- **Definition,**
kel dar. Der Qualitätszirkel ist eine Gruppe von Mitarbeitern, die gleich- **Aufgaben**
artige Aufgaben verrichten und freiwillig in regelmäßigen Abständen **und Ziele**
zusammenfinden um gemeinsam Arbeitsprobleme zu besprechen und
realistische Lösungen zu erarbeiten. Es gilt Schwachstellen im eigenen
Arbeitsbereich zu erkennen, die Ursachen hierfür zu ermitteln und
Problemlösungen aufzuzeigen. Ferner übernimmt der Qualitätszirkel
die Realisation der gefundenen Lösung und die anschließende Über-
wachung.[256] Es wird also nach Verbesserungsmöglichkeiten im Hinblick
auf die Arbeit gesucht, die Produktqualität soll verbessert und die Auf-

---

[253] Vgl. Meier, H. 1995, S. 172.

[254] Vgl. Jung, H. 2003, S. 207.

[255] Vgl. Berthel, J., Becker, F. 2003, S. 322.

[256] Vgl. Ebel, B. 2001, S. 222.

gabenerfüllung erleichtert werden.[257]

Wertung

Durch die Arbeit in einem Qualitätszirkel wird das selbständige und eigenverantwortliche Handeln im Team verstärkt, ebenso wird die Teamfähigkeit erhöht.[258] Der Mitarbeiter wird dazu angeregt, sein Wissen und Engagement mit einzubringen, um die Problemlösung voranzutreiben. Er wird vom Betroffenen zum Beteiligten, was sicherlich sinnvoll ist, da Probleme am besten dort erkannt und gelöst werden, wo sie auftreten.[259] Gerade in mittelständischen Unternehmen hat sich der Qualitätszirkel als ein geeignetes Instrument zur Förderung der Motivation und Innovation bewährt.[260] Insbesondere auch der Aspekt der Freiwilligkeit hat in diesem Zusammenhang eine überaus motivierende Wirkung auf das Team.[261] Es ist aber darauf zu achten, und dies gilt generell bei der Teamarbeit, dass kein Mitglied seine eigene Anstrengung zu Lasten anderer reduziert, da z. B. eigene Beiträge nicht erkennbar sind. Hieraus kann ferner die Angst eines anderen Teammitglieds vor der Ausnutzung durch die Gruppe resultieren. Die genannten Punkte stellen somit Demotivatoren dar, die es zu vermeiden gilt.[262]

4.2.1.4 Karriere- und Laufbahnplanung

Definition und Ziele

Bei der Karriere- und Laufbahnplanung geht es um den individuellen beruflichen Werdegang des Mitarbeiters. Ihm wird somit angezeigt, welche Position er im Zeitablauf erreichen kann, wenn er die in ihn gesetzten Erwartungen erfüllt.[263] Diese Karrieremodelle enthalten gleichzeitig eine beidseitige Verpflichtung, als Betrieb und Mitarbeiter einen längeren Weg gemeinsam zu gehen. Aus Sicht des Unternehmens wird das Ziel verfolgt, eine bestmögliche Übereinstimmung zwischen der

---

[257] Vgl. Becker, F. 2002, S. 474.

[258] Vgl. Hentze, J., Kammel, A., Lindert, K. 1997, S. 470.

[259] Vgl. Berthel, J., Becker, F. 2003, S. 356.

[260] Vgl. www.gruenderstadt.de/..., 20.08.2004.

[261] Vgl. www.business-wissen.de/..., 25.08.2004.

[262] Vgl. Hertel, G. 2002, S. 15.

[263] Vgl. Rahn, H.-J. 2002, S. 143.

Qualifikation des Mitarbeiters und den Stellenanforderungen zu erreichen, was zu einer besseren Nutzung des Leistungspotenzials der Mitarbeiter und somit zu einer Erhöhung des betrieblichen Erfolges führt.
Die Ziele der Mitarbeiter können sehr unterschiedlich sein und beinhalten z. B. Sicherheitsaspekte aber auch den Wunsch nach Einfluss und
Kompetenz.[264] Zu berücksichtigen ist aber auf jeden Fall, dass sich die
Bedürfnisse und Erwartungen der Mitarbeiter in den verschiedenen
Karriereabschnitten ändern. Stehen zum Karrierebeginn eher Bedürfnisse nach Anerkennung, Entwicklung und Entfaltung im Vordergrund,
so gewinnt im Laufe der Zeit die Sicherheit an Bedeutung. Ein Unternehmen sollte bezüglich der Karriereplanung grundsätzlich nicht mehr
versprechen, als es halten kann, da es sonst zwar kurzfristig zu Zufriedenheit, langfristig jedoch zu tiefer Enttäuschung kommt.[265]

Die Karriereplanung wirkt dann motivierend, wenn Mitarbeiter einerseits **Motivations-**
die mit der Karriere verbundenen Anreize schätzen und grundsätzlich **wirkung**
einen Aufstieg wünschen, andererseits die vom Betrieb aus getätigten
Karrieremaßnahmen als Konsequenz für ihre individuelle Leistung ansehen.[266] Außerdem haben auch klare Informationen über mögliche
Karriereabschnitte und realistische Einschätzungen zu Entwicklungs-
möglichkeiten eine entsprechend positive motivationale Wirkung.[267]

4.2.2 Mitarbeitergespräch

Als außerordentlich wichtiges Führungsinstrument wird das Mitarbeiter- **Inhalt und Ziele**
gespräch angesehen. Auch wenn sich die technischen Möglichkeiten
der internen Kommunikation stark verbessert haben, gibt es immer
noch Themen, die nicht über Email oder am Telefon, sondern in einem
persönlichen Gespräch zwischen Führungskraft und Mitarbeiter be-
sprochen werden sollten.[268] Im Dialog werden Probleme gemeinsam

---

[264] Vgl. Berthel, J., Becker, F. 2003, S. 332f.

[265] Vgl. Comelli, G., Rosenstil, L. von 1995, S. 43.

[266] Vgl. Rosenstil, L. von 2001, S. 198.

[267] Vgl. Niermeyer, R. 2001, S. 145.

[268] Vgl. Oppermann-Weber, U. 2001, S. 86.

identifiziert und nach Lösungen gesucht. Zum Beispiel wird gemeinsam erörtert, in welchem Maß der Mitarbeiter die in der Vergangenheit vereinbarten Ziele erreicht hat, aufgetretene Schwierigkeiten werden analysiert, aber auch die Arbeitszufriedenheit des Mitarbeiters und die Zusammenarbeit von Mitarbeiter und Vorgesetzten können Gesprächsthemen darstellen. Darauf aufbauend werden dann neue Arbeitsziele für die kommende Arbeitsperiode vereinbart. Eine besondere Aufmerksamkeit bei Mitarbeitergesprächen gilt ferner der persönlichen und beruflichen Weiterentwicklung des Mitarbeiters. Es kommt also zu einem beiderseitigen Informationsaustausch, bei dem der Vorgesetzte einen Einblick in die Motivlage und Einstellung des Mitarbeiters zu unterschiedlichen Maßnahmen bekommt. Dem Mitarbeiter wird es möglich, Entscheidungen der Führungskraft besser zu verstehen, sich hierzu zu äußern und eventuell Vorschläge zu unterbreiten.[269] Daneben wird ihm, z. B in Form von Lob oder Kritik, Feedback über erbrachte Leistungen gegeben. Außerdem sollen Mitarbeitergespräche Stärken und Schwächen des Mitarbeiters aufzeigen, sowie Ziele und Projekte der Vergangenheit reflektieren.[270]

Wertung

Das Mitarbeitergespräch bietet somit hervorragende Möglichkeiten, die Motivation und Eigeninitiative des Mitarbeiters zu fördern, mögliche Gründe für Erfolg und Misserfolg sowie Potenziale des Mitarbeiters zu erkennen. Durch die Umsetzung seiner Interessen und Fähigkeiten verbessern sich auch die beruflichen Aussichten des Mitarbeiters. Damit das angesprochene Feedback möglich ist, sind die Gespräche zeitlich regelmäßig, z. B. halbjährlich, zu wiederholen.[271] Voraussetzung für ein erfolgreiches Mitarbeitergespräch ist auch, dass dieses nicht spontan und unter Zeitdruck, sondern vom Vorgesetzen und Mitarbeiter gut vorbereitet und nach Terminabsprache durchgeführt wird.[272]

---

[269] Vgl. Jung, H. 2003, S. 470.

[270] Vgl. Risch, S. 2004, S. 82.

[271] Vgl. Oppermann-Weber, U. 2001, S. 86.

[272] Vgl. Schuler, H. 2001, S. 445ff.

4.2.3 Mitarbeiterbeurteilung

Bei der Personal- bzw. Mitarbeiterbeurteilung handelt es sich um ein sehr kontrovers diskutiertes Thema, wie die Vielzahl der Veröffentlichungen und Meinungen deutlich machen. Die ursprüngliche Mitarbeiterbeurteilung, die davon ausging, die Leistung sei objektiv messbar, wurde in den letzten Jahren zu einer Leistungs-, Potenzial- und Persönlichkeitsbeurteilung weiterentwickelt, wobei einige grundsätzliche Probleme dennoch nicht gelöst werden konnten. Denn egal wie die Fragen auf den Beurteilungsbögen formuliert sind und wie fein die Bewertungsskala auch aufgestellt wurde, es bleibt die Abhängigkeit des Mitarbeiters von der Art und Weise der Beurteilung durch die Führungskraft. Das Hauptproblem stellt somit die Subjektivität dar.[273] Beurteilungsfehler durch Vorgesetzte, z. B. aufgrund von Vorurteilen, Sympathie oder Antipathie, führen dann oft nicht zu der gewünschten positiven motivationalen Wirkung, sondern zur Demotivation.[274] Fühlt sich der Mitarbeiter nicht nur ungerecht beurteilt, sondern daraus resultierend auch noch unterbezahlt, ist dessen Motivation endgültig am Boden.

Problem der Subjektivität

Da es in der Praxis zu negativen Einschätzungen von merkmalsorientierten Beurteilungsverfahren gekommen ist, hat dies zur Entwicklung von Verbesserungsansätzen geführt:

Verbesserungsansätze

Damit der Mitarbeiter die Beurteilung akzeptiert, ist das Beurteilungsgespräch gut vorzubereiten, noch besser ist eine Vielzahl von informellen Gesprächen, damit eine entsprechende Vertrauensbasis zwischen den Beteiligten entsteht. So können bereits im Vorfeld im Dialog Tendenzen der Beurteilung angesprochen sowie mögliche Differenzen ausgeräumt werden.[275]

Kommunikationsbezogene Beurteilung

Bei der zielorientierten Beurteilung stehen die gesetzten Ziele und de-

Zielbezogene Beurteilung

---

[273] Vgl. Oppermann-Weber, U. 2001, S. 205.

[274] Vgl. Krell, G. 2001, S. 38f.

[275] Vgl. Lentz, B. 2004, S. 65f.

ren Erreichung im Vordergrund. Die gemeinsame Zieldefinition fördert den Dialog und somit die Kommunikation zwischen Mitarbeiter und Führungskraft und der persönliche Erfolg eines Mitarbeiters ist vom Grad der Zielerreichung abhängig.[276]

Aufgaben-bezogene Beurteilung

Grundlage der aufgabenbezogenen Beurteilung bilden die in einer Periode vom Mitarbeiter zu erfüllenden, positionsspezifischen Aufgaben. Dieses Verfahren beruht auf dem Delegationsprinzip, wonach Aufgaben und Kompetenzen dauerhaft an Mitarbeiter übertragen werden.[277] Wie bei der zielbezogenen Beurteilung wird hier am Ende einer Periode der Grad der Aufgabenerfüllung vom Beurteilenden eingeschätzt.

Selbstbeurteilung

Bei der Selbstbeurteilung wird der Beurteilungsbogen parallel vom Vorgesetzten und vom Mitarbeiter ausgefüllt. Das bedeutet, dass der Mitarbeiter bei der Beurteilung der Leistung bzw. des Potenzials zugleich Objekt der Beurteilung, wie auch Beurteiler ist. Im Anschluss an das Gespräch werden die Ergebnisse verglichen und Differenzen diskutiert. Durch die Einbeziehung des Mitarbeiters sollen Entwicklungsprozesse gefördert, die Akzeptanz der Beurteilung erhöht und ein besseres Verständnis der Leistungserbringung erreicht werden.[278]

360°- Feedback

Das 360°- Feedback beinhaltet die Beurteilung des Mitarbeiters von verschiedenen Seiten und Hierarchieebenen, um ein möglichst vollständiges Gesamtbild zu erhalten. Als Beurteiler kommen z. B. Vorgesetzte, der Mitarbeiter selbst, Kollegen aber auch Kunden in Frage.[279]

Teambeurteilung

Eine weitere Möglichkeit stellt die Teambeurteilung dar. Hier tritt die persönliche Beurteilung in den Hintergrund, es zählt der Erfolg des Teams. Deshalb ist folgerichtig auch das Team zu beurteilen. Dies muss aber so geschehen, dass einerseits die individuelle Leistungsbereitschaft des Mitarbeiters gefördert und andererseits auch ein funkti-

---

[276] Vgl. Oppermann-Weber, U. 2001, S. 210.
[277] Vgl. Kressler, H. 2001, S. 84.
[278] Vgl. Berthel, J., Becker, F. 2003, S. 153.
[279] Vgl. Oppermann-Weber, U. 2001, S. 208.

onsfähiges Team aufgestellt wird.[280]

Grundsätzlich hat sich in der Praxis gezeigt, dass die wesentliche Basis   **Fazit**
einer motivationserhaltenden Mitarbeiterbeurteilung ein ehrlicher und
offener Dialog ist. Dadurch können Problemfelder, die im Zusammenhang mit Beurteilungen sichtbar werden, abgeschwächt werden. Zudem kann sich ein Mix aus den dargestellten Beurteilungsverfahren als
durchaus sinnvoll erweisen.

4.2.4 Vorgesetztenbeurteilung

Im Gegensatz zur Mitarbeiterbeurteilung wird bei der Vorgesetztenbe-   **Definition**
urteilung, die auch Vorgesetzteneinschätzung oder Aufwärtsbeurteilung   **und Ziele**
genannt wird, die Führungskraft von den Mitarbeitern insbesondere
hinsichtlich deren Führungsverhalten, aber auch bezüglich anderer
Qualifikationen bzw. Leistungsmerkmale beurteilt.[281] Hierbei werden
meist schriftliche Fragebögen eingesetzt um verschiedene Kompetenzen bzw. Führungskriterien wie Delegationsbereitschaft, Konfliktver-
halten oder Kommunikationsverhalten des Vorgesetzten auf einer vorgegebenen Skala zu bewerten (vgl. hierzu Tab. 5 im Anhang).[282] Ziel
dieser Beurteilung ist es, dem Vorgesetzen Feedback über sein eigenes Verhalten zu geben, damit es zu einer Verbesserung seines
Führungsverhaltens und damit es zu einer Steigerung der Arbeitsleistung, Arbeitszufriedenheit und auch der Motivation kommen kann. Ferner soll die Führungsebene darüber in Kenntnis gesetzt werden, in welchem Ausmaß die vorgegebenen Führungsziele tatsächlich erreicht
wurden.[283]

Bewährt hat sich hierbei folgende Vorgehensweise: Verbindliche Teil-   **Vorgehensweise**
nahme der beurteilten Führungskräfte, freiwillige Teilnahme der Mitarbeiter sowie deren Anonymität, außerdem Workshops im Anschluss, an

---

[280] Vgl. Doerken, W. 1996, S. 208.
[281] Vgl. Rosenstil, L. von, Regnet, E., Domsch, M. 2003, S. 502.
[282] Vgl. Oppermann-Weber, U. 2001, S. 206.
[283] Vgl. www.gevainstitut.de/…, 26.08.2004.

denen Vorgesetzte und Mitarbeiter teilnehmen.[284] Dabei sollte die Beurteilung mehr als nur einmal im Jahr durchgeführt werden. Zwischen Mitarbeiter und Vorgesetzen können so regelmäßig Verbesserungsmöglichkeiten erörtert werden und der Führungskraft wird angezeigt, wo bei ihr Schulungsbedarf vorherrscht.[285]

Wertung

Auf diese Weise werden in Form eines kontinuierlichen Verbesserungsprozesses die Schwächen der Führungskraft sukzessive aufgedeckt und verbessert, was der Beziehung zwischen den Beteiligten durchaus nützlich sein dürfte und auch entsprechend positive motivationale Aspekte mit sich bringen kann. Mögliche Ängste der Mitarbeiter vor negativen Konsequenzen im Rahmen der Vorgesetztenbeurteilung sind diesen zu nehmen, indem deutlich auf die Vertraulichkeit der Daten hingewiesen wird.[286]

4.2.5 Mitarbeiterbefragung

Definition und Zielsetzung

Die Mitarbeiterbefragung ist seit einigen Jahren ein wertvolles Instrument der partizipativen Unternehmensführung[287], immer häufiger werden Mitarbeiter nach ihrer Meinung gefragt. Sie stellt ein Diagnoseinstrument zur Objektivierung der Arbeitszufriedenheit dar und gibt Aufschluss über die Ursachen, die unter Umständen verhindern, dass Mitarbeiter trotz ausreichender fachlicher und persönlicher Qualifikation ihre volle Leistungsfähigkeit optimal entfalten.[288] Ziel der Mitarbeiterbefragung ist es demnach, Motivationsbarrieren zu identifizieren.[289] Neben den Aussagen über das Betriebsklima erhält das Unternehmen Erkenntnisse über Einstellungen, Erwartungen und Bedürfnisse der Mitarbeiter hinsichtlich Arbeitsplatz und Arbeitsumfeld, aber auch darüber, wie die Mitarbeiter ihre Vorgesetzten bzw. deren Verhalten wahr-

---

[284] Vgl. Kressler, H. 2001, S. 73.

[285] Vgl. Rosenstil, L. von, Regnet, E., Domsch, M. 2003, S. 509.

[286] Vgl. www.gevainstitut.de/..., 26.08.2004.

[287] Vgl. Becker, F. 2002, S. 357.

[288] Vgl. Krapf, T., Hamann, K. 2004, S. 2.

[289] Vgl. Niermeyer, R. 2001, S. 127.

nehmen. Außerdem lassen sich auf diese Weise Ansätze für Verbesserungsmöglichkeiten aufspüren.[290] Wie Abb. 10 zeigt, können hinsichtlich der Gestaltung der Fragebögen grundsätzlich drei Formen der Mitarbeiterbefragung unterschieden werden:

Abb. 10: Unterscheidung der Mitarbeiterbefragung hinsichtlich der Gestaltung der Fragebögen

Eine systematische Mitarbeiterbefragung ist in der Regel mit einem erheblichen finanziellen, zeitlichen und organisatorischen Aufwand verbunden. Daher ist eine optimale Vorbereitung von entscheidender Bedeutung, damit die Ergebnisse den Aufwand rechtfertigen. In der Praxis werden im Vorfeld solcher Befragungen häufig Projektteams gebildet, die sich aus Führungskräften, Mitgliedern des Betriebsrates, Psychologen aber auch externen Berater und Experten zusammensetzen. Gerade durch die heute standardmäßige Einbeziehung von externen Spezialisten verspricht man sich insbesondere eine größere Glaubwürdigkeit im Hinblick auf die Datensicherheit und Anonymität. Ferner möchte man natürlich auch von deren Experten- und Erfahrungswissen profitieren.[291] Die in den Fragebögen aufgeführten Fragen müssen leicht verständlich und klar formuliert sein, häufig werden hierbei geschlossene Fragen verwendet.[292] Es können alle relevanten Unternehmensbereiche angesprochen werden. Um eine ehrliche und offene Beantwortung der Fragen sicherzustellen, sind die Anonymität der Auswertung und die Freiwilligkeit der Teilnahme an der Befragung zu gewährleisten. Nur dann können auch die Rücklaufquoten zufrieden stellend ausfallen.[293]

Vorbereitung und Durchführung

---

[290] Vgl. Berthel, J., Becker, F. 2003, S. 285.

[291] Vgl. Andreschak, H. 2003, S. 38.

[292] Vgl. Rosenstil, L. von, Regnet, E., Domsch, M. 2003, S. 653.

[293] Vgl. Niermeyer, R. 2001, S. 127.

Erwartungs-
haltung der
Mitarbeiter

Mit den Mitarbeiterbefragungen soll also eine aktive Beteiligung des Mitarbeiters an den Verbesserungsprozessen innerhalb des Unternehmens stattfinden. Durch die Befragung baut sich bei diesem aber zwangsläufig eine bestimmte Erwartungshaltung auf. Sollte diese nicht erfüllt werden, d. h. dass keine Umsetzung der Befragungsergebnisse in konkrete Maßnahmen erfolgt, so kann sich die positive Wirkung einer Mitarbeiterbefragung ins Gegenteil verkehren.[294] Letztendlich entscheidet also die Umsetzung der Ergebnisse über den Erfolg einer Befragung. Nur wenn den Daten auch Taten folgen, erhalten die Mitarbeiter ein eindeutiges Signal und nur dann können Mitarbeiterzufriedenheit und Motivation nachhaltig gesteigert werden.[295] Gerade hieran mangelt es aber vielen Mitarbeiterbefragungen.[296]

4.2.6 Betriebliches Vorschlagswesen

Ablauf des BVW

Mit dem betrieblichen Vorschlagswesen (BVW), heute auch oft Ideenmanagement genannt, bekommt der Mitarbeiter Gelegenheit, seine Ideen und Vorstellungen über Verbesserungsvorschläge im Unternehmen einzubringen. Unternehmen wollen mit diesem Instrument Leistungsreserven mobilisieren und ein kreatives Arbeitsklima fördern.[297] Dabei werden nur die Verbesserungsvorschläge honoriert, die über den individuellen Aufgaben- und Verantwortungsbereich des einzelnen Mitarbeiters hinausgehen. Die eingehenden Vorschläge werden von einem beauftragten Mitarbeiter bzw. Gremium hinsichtlich Brauchbarkeit überprüft und fachlich begutachtet.[298] Dadurch soll ausgeschlossen werden, dass gute Ideen z. B. an Widerständen von Vorgesetzen scheitern und somit verloren gehen. Mit einem professionell organisierten Ideenmanagement sind hohe Produktivitätssteigerungen und deutliche Kosteneinsparungen zu realisieren. Allein im Jahr 2003 wurden in Deutsch-

---

[294] Vgl. Krapf, T., Hamann, K. 2004, S. 2.

[295] Vgl. Andreschak, H. 2003, S. 38.

[296] Vgl. Becker, F. 2002, S. 357.

[297] Vgl. Fakesch, B. 1991, S. 59.

[298] Vgl. Jung, H. 2003, S. 607f.

land hierdurch 1,15 Milliarden Euro eingespart.[299] In diesem Zusammenhang müssen Führungskräfte den Mitarbeitern verdeutlichen, dass durch Produktivitätssteigerungen, rückläufige Qualitätsmängel und kürzere Produktions- und Lieferzeiten die Wettbewerbsfähigkeit des Unternehmens verbessert, und somit auch die eigene Zukunft bzw. der eigene Arbeitsplatz gesichert wird.[300] Auch die Furcht vor einer Blamage bzw. einer negativen Reaktion von Vorgesetzen gilt es den Mitarbeitern zu nehmen.[301]

Gerade durch das Bewusstsein des Mitarbeiters um diese Zusammenhänge kann dessen Motivation und Arbeitsfreude gefördert werden und eine stärkere Identifikation mit dem Unternehmen mit sich bringen.[302] Wird ein Vorschlag eines Arbeitnehmers realisiert, wird dieser z. B. in Form einer Prämie belohnt. Aber auch ein persönliches Lob durch einen Vorgesetzen kann durchaus eine positive motivationale Wirkung hervorrufen.[303] Wichtig ist, dass der Mitarbeiter für seine Kreativität und Leistungsbereitschaft entsprechende Anerkennung und Wertschätzung erntet. Aus diesem Grunde ist das Ideenmanagement ein sehr wichtiger Bestandteil der Unternehmenskultur.[304]

Motivations-wirkung

4.3 Unternehmenskultur und Betriebsklima

Die Unternehmenskultur kann allgemein definiert werden, als „die Summe der von den Mitarbeitern einer(s) Unternehmung(steils) gemeinsam getragenen Wertvorstellungen, Normen und Verhaltensmuster."[305] Sie gibt dem Mitarbeiter Maßstäbe und Entscheidungshilfen für sein Verhalten an die Hand. Dabei ist es Aufgabe der Unternehmensleitung die Grundsteine zur Entwicklung einer unternehmenseigenen Kul-

Organisations-kultur

---

[299] Vgl. o. V. (Der Arbeitgeber) 2004, S. 21.
[300] Vgl. Neckel, H. 2004, S. 59.
[301] Vgl. Becker, F. 2002, S. 111.
[302] Vgl. Jung, H. 2003, S. 606.
[303] Vgl. Becker, F. 2002, S. 110.
[304] Vgl. Haumann, T. 2004, S. 15.
[305] Berthel, J., Becker, F. 2003, S. 535.

tur zu legen, was auch die Formulierung eines Unternehmensleitbildes und der Führungsgrundsätze beinhaltet. Von entscheidender Bedeutung ist, dass dieses Wertesystem allen Mitarbeitern bekannt ist und von diesen auch gemeinsam getragen wird.[306]

Corporate Identity

Die Unternehmenskultur ist das Ziel der Corporate Identity (CI), die als spezifische Selbstdarstellung des Unternehmens nach innen und nach außen verstanden werden kann. Diese Selbstdarstellung erfolgt über ein einheitliches Verhalten (Corporate Culture), eine einheitliche Kommunikation (Corporate Communications) in Form einer Botschaft und über ein einheitliches Erscheinungsbild (Corporate Design), beisp. Logos bzw. Briefköpfe.[307] Hierdurch wird innerhalb des Unternehmens ein Wir-Gefühl entwickelt, das eine deutliche Unterscheidung von anderen Unternehmen ermöglichen soll, einerseits nach innen (Mitarbeiter), andererseits auch nach außen (Kunden). Die Mitarbeiter handeln und entscheiden also auf der Basis eines einheitlichen Firmenimages und Unternehmensleitbildes, was die Identifikation mit dem Unternehmen fördert und Motivationspotenzial freisetzt. Dabei kommt den Vorgesetzen durch das Vorleben der Unternehmenskultur eine entscheidende Vorbildfunktion zu.[308]

Betriebsklima

Die Unternehmenskultur bedingt überwiegend auch das Betriebsklima. Dieses spiegelt die Stimmung, die in einem Betrieb herrscht wider und nimmt starken Einfluss auf die Motivation und damit auf das Leistungsvermögen der Mitarbeiter.[309] Ein positives Betriebsklima fördert somit die Motivation der Belegschaft, aber auch die Diskussion möglicher Entwicklungsfelder und Verbesserungen sowie einen offenen Gedankenaustausch. Dies ermöglicht die Findung von Innovationen und stellt somit eine Grundvoraussetzung zur Sicherung von Arbeitsplätzen dar. Dagegen verhindert ein schlechtes Betriebsklima die Entwicklung neuer Ideen, führt zu einem Verlust bisheriger Wettbewerbsvorteile und zur

---

[306] Vgl. Rahn, H.-J. 2002, S. 193.
[307] Vgl. Meffert, H. 2000, S. 707.
[308] Vgl. Rosenstil, L. von 2001, S. 213ff.
[309] Vgl. Jung, H. 2003, S. 399.

Demotivation der Mitarbeiter. Ein Beispiel dafür, wie die Unternehmenskultur das Betriebsklima positiv beeinflusst, ist die gelebte Fehlertoleranz. Sie führt dazu, dass Mitarbeiter eher den Mut zu neuen Wegen entwickeln, da Fehler keine negativen Konsequenzen nach sich ziehen. Sie werden von Vorgesetzen nicht geahndet, wodurch sich Mut zu Risiken und somit zu neuen Chancen entwickelt.[310]

4.4 Arbeit selbst als Motivator

Wie viele Untersuchungen belegt haben, erwächst dem Mitarbeiter aus der Arbeit selbst die größte Motivation. Nur aus seiner Tätigkeit selbst erreicht er die intrinsische Erfüllung von Bedürfnissen nach Leistung, Erfolg, Differenzierung und Selbstaktualisierung.[311] Um dies möglich zu machen bietet sich die Delegation von klar definierten Aufgabenbereichen an, die mit einem möglichst hohen Maß an Verantwortung und Kompetenz ausgestattet sind. Innerhalb dieses Verantwortungs- und Aufgabenbereiches ist es dem Mitarbeiter möglich, nach eigenem Ermessen zu handeln und zu arbeiten. Dabei müssen die Ziele klar definiert sein, denn kaum ein Anreiz motiviert so sehr zu höherer Leistung wie ein klares Ziel.[312] Diese müssen aber, wie bereits in Kapitel 4.1.3 gesehen, bestimmten Anforderungen entsprechen.

Delegation von Aufgabenbereichen

Positive Auswirkungen werden festgestellt, wenn die Mitarbeiter bzw. einzelne Gruppen von Mitarbeitern in die Gestaltung ihres Arbeitsumfeldes, der Arbeitsorganisation und der Arbeitsvorgänge integriert werden.[313] Durch dieses Selbstorganisieren, verbunden mit den hierfür notwenigen Freiräumen und Verantwortlichkeiten, kann das Streben des Mitarbeiters nach Selbstverwirklichung am Arbeitsplatz erfüllt werden. Eine wichtige Aufgabe des Vorgesetzten besteht insbesondere im Coaching der Mitarbeiter. Er hat für optimale Arbeitsbedingungen und

Einbeziehung in Gestaltung

---

[310] Vgl. Disselkamp, M. 2004, S. 223ff.
[311] Vgl. Richter, M. 1989, S. 214.
[312] Vgl. Rosenstil, L. von 2001, S. 177.
[313] Vgl. Sprenger, R. 2002, S. 199.

realistische Ziele zu sorgen. Ferner runden spontanes, positives Feedback mit Lob und eventuell konstruktiver Kritik sein Aufgabenfeld ab.[314]

Spezialisierung und Qualifizierung

Wichtig ist auch der Aspekt der Spezialisierung der Tätigkeit. Bei einer hohen Spezialisierung ist zwar die Leistung am höchsten, dafür aber die Zufriedenheit aufgrund monotoner Arbeiten gering. Letztere ist dementsprechend bei einer geringen Spezialisierung sehr hoch, wobei hier dann die Leistung gering ausfällt. Um beiden zu dienen ist ein gemäßigter Grad der Spezialisierung zu wählen. Dies bedeutet, dass die Spezialisierung gelegentlich rückgängig gemacht werden sollte, indem z. B. die bereits weiter oben angesprochenen Instrumente wie Job Rotation und Job Enlargement eingesetzt werden. Ebenfalls wichtig ist, dass der Mitarbeiter für das jeweilige Aufgabenfeld entsprechend qualifiziert ist. Es darf weder zu einer Überforderung noch zu einer Unterforderung kommen, da dies die Leistung und Zufriedenheit senkt und somit demotivierend wirkt. Bei einer optimalen Stellenbesetzung kann der Mitarbeiter ein hohes Maß an Motivation aus der eigentlichen Arbeitstätigkeit ziehen.[315]

---

[314] Vgl. Jung, H. 2003, S. 441.

[315] Vgl. Rosenstil, L. von 2001, S. 171f.

5 Motivationsbarrieren und ihre Folgen

Nachdem in Kapitel 4 bedeutende immaterielle Motivationsinstrumente dargestellt wurden, folgen in diesem Kapitel einige wichtige Motivationsbarrieren. Eingegangen wird hier auf das Mobbing, die innere Kündigung und den Verdrängungseffekt extrinsischer Anreizinstrumente.

5.1 Mobbing – Schikane am Arbeitsplatz

Unter Mobbing versteht man „den Psychoterror von Arbeitnehmern und Arbeitgebern gegenüber Kollegen und Mitarbeitern, aber auch Vorgesetzten, am Arbeitsplatz."[316] Der Betroffene wird dabei schikaniert, belästigt, drangsaliert, ausgegrenzt, beleidigt oder z. B. mit kränkenden Arbeitsaufgaben betraut. Dies geschieht häufig und wiederholt über einen längeren Zeitraum hinweg.[317] Auch das Vorenthalten von Informationen, das Diskreditieren vor Kollegen oder Kunden und Angriffe auf das äußere Erscheinungsbild gehören zum Mobbing.[318]

Definition und Beispiele des Mobbings

Die Auswirkungen des Mobbings sind beachtlich. Hänseleien, Gemeinheiten und dumme Witze machen das Opfer mundtot. Das Mobbing bedeutet für den Gemobbten Stress, der bei diesem verschiedene Körperreaktionen wie Herz-, Kreislaufbeschwerden, Kopfschmerzen, Organerkrankungen und psychische Reaktionen auslöst. Auch Unsicherheitsgefühle, Antriebslosigkeit und Einsamkeit können auftreten. Dies führt natürlich auch zu betriebswirtschaftlichen Problemen. So steigt der Krankenstand, die Produktivität sinkt und zusätzliche Kosten entstehen. Der Mitarbeiter ist mit seinen Gedanken nicht bei der Arbeit, Fehler schleichen sich ein und die Leistung geht zwangläufig zurück. Kritik begegnet er mit Flucht und Abwehr und nach einer bestimmten Zeit fühlen sich auch die Kollegen in ihrer Arbeit beeinträchtigt und ü-

Auswirkungen und Folgen

---

[316] Becker, F. 2002, S. 365.

[317] Vgl. Schuler, H. 2001, S. 579.

[318] Vgl. Hartmann, J. 2003, S. 8ff.

ben berechtigte Kritik an ihm.[319] Durch das Mobbing geht die Arbeitszufriedenheit und auch die Motivation gegen Null und die innere Kündigung[320] beginnt. Ebenfalls sind negative Auswirkungen auf das Betriebsklima und ein Imageverlust des Unternehmens nach außen festzustellen, was die Personalgewinnung beeinträchtigen kann.[321]

Ursachen und Gegenmaßnahmen

Das Mobbing kann einerseits durch Unterforderung des Mobbers, andererseits aber auch durch Überlastung begünstigt werden.[322] Die Gründe für das Mobbing stellen z. B. Ängste vor dem Arbeitsplatzverlust, generellen Antipathien, Neid und Missgunst aber auch das Wahrnehmen des Gemobbten als Konkurrenten dar. Ursachen, die in der Person des Betroffenen liegen, sind beisp. dessen mangelnde soziale Kompetenz oder ein auffälliges äußeres Erscheinungsbild.[323] Wichtig ist, dass die Mobber deutlich in ihre Schranken verwiesen werden, gegebenenfalls ist mit einer Abmahnung, Versetzung oder Kündigung zu reagieren. Durch präventive Maßnahmen, wie Führungs-, Kommunikations-, Konflikt- und Selbstsicherheitstrainings, kann die Gefahr des Mobbings und dadurch auch die Gefahr der Demotivation reduziert werden.[324]

5.2 Phänomen der inneren Kündigung

Definition und Signale

Unter der inneren Kündigung versteht man einen inneren, lautlosen Rückzug eines demotivierten Mitarbeiters aus dem Arbeitsprozess, „ohne dass hier formal eine Kündigung ausgesprochen wird. Er resultiert aus der Resignation des Mitarbeiters, der ‚innerlich gekündigt‘ hat."[325] Dieser ist zum typischen Jasager geworden und hat kein Interesse mehr an Auseinandersetzungen. Er wartet wie ein Schranken-

---

[319] Vgl. Oppermann-Weber, U. 2001, S. 195.

[320] Vgl. Kapitel 5.2.

[321] Vgl. Hartmann, J. 2003, S. 8ff.

[322] Vgl. Oppermann-Weber, U. 2001, S. 194.

[323] Vgl. Hartmann, J. 2003, S. 8ff.

[324] Vgl. Schuler, H. 2001, S. 580.

[325] Becker, F. 2002, S. 265.

wärter auf das Klingeln und bringt keinerlei Vorschläge mehr. Entscheidungen des Vorgesetzten, speziell auch dessen Eingriffe in seinen Verantwortungsbereich, wird nur noch wohldosierter Widerstand entgegen gebracht.[326] Auch der so genannte Dienst nach Vorschrift, häufiges Fehlen wegen Krankheit, Verzicht des Mitarbeiters auf Eigeninitiative und Engagement oder das Nichtausschöpfen der Kompetenzen sind typische Signale der inneren Kündigung.[327]

Die daraus resultierenden Auswirkungen und Folgen können sehr gravierend sein. Dem Unternehmen gehen z. B. wichtige kreative Potenziale verloren, für die es voll bezahlen muss. Dies hat negative Auswirkungen auf den Erfolg bzw. auf die betriebswirtschaftlichen Kennzahlen. Ferner ist die Innovationskraft im Unternehmen mangelhaft, wodurch sich die Erfolgschancen im Wettbewerb verschlechtern. Aber auch der Mitarbeiter selbst ist ein Verlierer der inneren Kündigung. Dieser versucht täglich, seine Demotivation zu verstecken und infolge von Dauerstress können sich psychosomatische Störungen entwickeln.[328] Auf längere Sicht gesehen sinkt das Leistungsniveau aller Mitarbeiter im Team, da es nicht nachvollziehbar ist, dass die einen Dienst nach Vorschrift machen, während andere sich deutlich mehr engagieren. Hierunter kann auch das Betriebsklima leiden.[329]

Auswirkungen und Folgen

Wesentliche Ursachen für dieses Verhalten stellen nach einer Umfrage der GGB - Beratungsgruppe (Gesellschaft für genossenschaftliches Bankenmarketing) in erster Linie die über den Kopf des Mitarbeiters getroffenen Entscheidungen des Vorgesetzten dar. Weiter werden ein unzureichender Informationsfluss durch den Vorgesetzten und dessen mangelnde Bereitschaft zu einer offenen und sachlichen Diskussion genannt. Einen speziellen Einfluss auf die Entwicklung der inneren Kündigung haben auch Führungsfehler von Vorgesetzten, wie etwa ein autoritärer Führungsstil, Eingriffe in den Kompetenzbereich des Mitar-

Ursachen und Gegenmaß-nahmen

---

[326] Vgl. Sprenger, R. 2002, S. 26.

[327] Vgl. Rahn, H.-J. 2002, S. 264.

[328] Vgl. Brinkmann, R., Stapf, K. 2003, S. 48ff.

[329] Vgl. Oppermann-Weber, U. 2001, S. 167.

beiters oder willkürliche Kontrollen. Aber auch persönliche Eigenschaften der Betroffenen gelten als Auslöser. Die mangelnde Fähigkeit, sich durchzusetzen, mit Konflikten umzugehen und sich neue Ziele zu setzen werden hierbei als die wesentlichen Gründe genannt.[330] Um der inneren Kündigung vorzubeugen, können verschiedene Maßnahmen angewandt werden. Führungskräfte müssen als Moderator in Entscheidungsprozesse eingreifen bzw. als Coach die Rahmenbedingungen für Leistung und Erfolg schaffen.[331] Ein sehr erfolgreicher Weg zur Veränderung von Führungsverhalten ist das systematische Feedback zum Führungsverhalten von Vorgesetzten, wodurch Mitarbeiterbesprechungen, als Instrument zur Vorbeugung der inneren Kündigung, eine sehr wichtige Rolle einnehmen. Auch das Vereinbaren von Zielen stellt eine präventive Maßnahme dar, da hier dem Mitarbeiter die Sinnhaftigkeit seines Tuns vermittelt wird.[332] Greifen die genannten Maßnahmen, dann sollte aus dem demotivierten wieder ein motivierter Mitarbeiter werden. Dieser muss so geführt werden, dass er hoch motiviert sein volles Potenzial in das Unternehmen einbringen kann.

5.3 Verdrängungseffekt extrinsischer Anreizinstrumente

Crowding-Out-Effekt

Wie bereits zu Beginn dieser Arbeit gesehen, besteht ein Zusammenhang zwischen der intrinsischen und extrinsischen Motivation.[333] Beim Verdrängungseffekt (Crowding-Out-Effekt) geht es darum, dass extrinsische (finanzielle) Belohnungen die intrinsische Motivation vernichten können. Das Interesse an der Arbeit wird also durch das Interesse an der Belohung verdrängt.[334] So können hohe Belohnungen kontraproduktiv wirken, denn sie lenken die Aufmerksamkeit weg von der Leistung und hin zur Belohnung. Erhält ein Mitarbeiter für eine Leistung, die er auch freiwillig ausgeführt hätte, eine Belohnung, dann verschiebt

---

[330] Vgl. Brinkmann, R., Stapf, K. 2003, S. 48ff.

[331] Vgl. Oppermann-Weber, U. 2001, S. 172f.

[332] Vgl. Brinkmann, R., Stapf, K. 2003, S. 48ff.

[333] Vgl. Kapitel 2.1.3.

[334] Vgl. Sprenger, R. 2002, S. 109.

sich seine Bewertung.[335] Intrinsische und extrinsische Motivation sind also nicht additiv, sondern weisen unter bestimmten Voraussetzungen einen negativen Zusammenhang auf.[336]

Eltern kennen diese Wirkung. Wird Kindern, die sich ursprünglich für ihre Schularbeiten interessierten, für die Erfüllung derselben eine Belohnung in Aussicht gestellt, dann verlieren sie einen Teil des Interesses an den Aufgaben. Auf kurze Sicht sind damit zwar Erfolge zu erzielen, längerfristig werden die Kinder aber nur noch gegen eine Belohnung (z. B. Geld) ihre Schulaufgaben erledigen wollen. Hier ist ein Verdrängungseffekt eingetreten.[337] Zu diesem Effekt kommt es aber nur dann, wenn die Belohnung nicht an eine bestimmte Leistung oder eine vorgegebene Qualität der Aufgabenlösung gebunden wird. Teilt man dem Mitarbeiter aber vorher genau mit, welche Leistung er in einer bestimmten Aufgabe erbringen soll, so kann der Spaß an der Arbeit durch eine Belohnung dieser Leistung nicht verdrängt werden.[338] Die Untergrabung der Wirkung intrinsischer Anreize, ausgelöst durch die einseitige Betonung extrinsischer Anreize gilt es also zu verhindern.[339]

Beispiel und Folgen

Wie gesehen haben also extrinsische Anreize unter Umständen nicht wie gewünscht positive Auswirkungen auf die Motivation. Eine Reduzierung bzw. Verdrängung der intrinsischen Motivation kann die Folge sein. Dies gilt es bei der Motivierung von außen zu beachten.

Fazit

Nachdem in diesem Kapitel mit dem Mobbing, dem Phänomen der inneren Kündigung und dem Verdrängungseffekt drei bedeutende Motivationsbarrieren und deren Folgen dargestellt wurden, folgt im sechsten Kapitel eine abschließende Zusammenfassung der Erkenntnisse.

---

[335] Vgl. Nöllke, M. 2002, S. 69.
[336] Vgl. Sprenger, R. 2002, S. 109.
[337] Vgl. Frey, B., Osterloh, M. 2002, S. 26.
[338] Vgl. Nerdinger, F. 2003, S. 29.
[339] Vgl. Staehle, W. 1999, S. 166.

6 Zusammenfassung der Erkenntnisse

Die mit der Globalisierung der Märkte einhergehende Wettbewerbsverschärfung stellt ein Unternehmen bzw. dessen Management nicht selten vor bedeutende Probleme. Häufig wird die Kostensenkung als Lösungsalternative angeführt. Mitarbeiter werden, wie bereits zu Beginn der Arbeit erwähnt, oft nur als Kostenfaktor gesehen, der minimiert werden soll. Für die Unternehmensführung stellt dies vielleicht die einfachste Methode dar, um den kurzfristigen Erfolg zu gewährleisten. Doch werden diese Unternehmungen auch langfristig erfolgreich sein?

Auch zukünftig kommt dem Humanpotenzial eine wesentliche Bedeutung zu, da es die wichtigste Voraussetzung für einen dauerhaften Erfolg des Unternehmens darstellt. Die Mitarbeiter selbst sind es, die über den Erfolg oder Misserfolg einer Unternehmung entscheiden. Aus diesem Grunde gilt es für die Unternehmensführung, entsprechend positiv auf die Motivation der Mitarbeiter einzuwirken. Denn nur mit hoch motivierten Mitarbeitern sind außerordentliche Erfolge zu realisieren, da diese mehr leisten als andere und sich stärker mit dem Unternehmen identifizieren. Zur Aufgabe der Führungskraft gehört es, Faktoren, die demotivierend auf die Belegschaft einwirken, zu neutralisieren. Doch gerade der Vorgesetzte stellt oft den größten Demotivationsfaktor dar. Um entsprechend führen zu können ist es wichtig, dass er die Bedürfnisse und die Erwartungen seiner Mitarbeiter kennt. Außerdem muss er diesen die Möglichkeit zu Selbstentfaltung geben und eine optimale Ausgangsposition für ein sinnvolles Arbeiten bieten.

Im Rahmen der materiellen Motivationsinstrumente kann festgehalten werden, dass der Trend einer Flexibilisierung der Vergütung weiterhin Bestand haben wird. Einerseits sollte die individuelle Leistung honoriert, andererseits aber auch der jährliche Unternehmenserfolg berücksichtigt werden. Unter dem Aspekt der Motivationserhaltung aber auch aus Gründen der Gerechtigkeit erscheint dies sinnvoll. So werden in Zukunft eine gerechte Beteiligung am Erfolg eines Unternehmens bzw. Teams und eine gerechte Vergütung der individuellen Leistung ein fester Bestandteil der Unternehmenskultur werden. Werden freiwillige Sozialleistungen gewährt ist es von entscheidender Bedeutung, dass das Unternehmen die Präferenzen der Mitarbeiter kennt. Die materiellen Motivationsinstrumente bilden aber eher das Fundament, um die Demotivation der Belegschaft zu verhindern. Diese materiellen Anreizsysteme sind der Motivation nur bis zu einem bestimmten Grad dienlich. So besteht ihre wichtigste Aufgabe in der Vermeidung der Unzufriedenheit.

Denn nur wenn keine Unzufriedenheit vorherrscht, ist es möglich durch die immateriellen Motivationsinstrumente höchste Motivationswirkungen beim Mitarbeiter zu erzielen. Der Mitarbeiterführung kommt hierbei eine bedeutende Funktion zu. Mit Hilfe mitarbeiterorientierter und kooperativer Führungsstile werden wichtige Voraussetzungen dafür geschaffen, dass sich Mitarbeiter motivieren können, denn sie selbst können dies am besten. Anerkennung, Information und Vertrauen werden zu wichtigen Erfolgsfaktoren. Gerade das Lob ist eine sehr einfache und kostengünstige Alternative im Hinblick auf die Mitarbeitermotivation. Eine ausreichende Information und Kommunikation führt zudem zu mehr Wissen um die Zusammenhänge und Organisation in einem Unternehmen, was sich positiv auf die Identifikation mit dem Betrieb auswirken kann. Das Vertrauen der Führungskraft in den Mitarbeiter und dessen Leistungskraft spielt ebenfalls eine bedeutende Rolle, da dieser dadurch die ihm zugetraute Leistung in die Realität umsetzen möchte. Auch erscheint die Delegation von Verantwortung und Kompetenzen, beisp. im Rahmen von Zielvereinbarungen, unter Motivationsaspekten sinnvoll.

Durch verschiedene Maßnahmen der Personalentwicklung wie z. B. die Karriere- und Laufbahnplanung oder Formen des Arbeitsplatzwechsels bzw. der Aufgabenbereicherung lassen sich ebenso positive Veränderungen im Hinblick auf die Motivation bewirken. Es ist zudem Aufgabe der Führungsebene, die Basis zur Entwicklung einer unternehmenseigener Kultur zu schaffen und das betriebsinterne Klima positiv zu beeinflussen, da durch ein positives Betriebsklima die Motivation der Belegschaft, der Meinungsaustausch über mögliche Entwicklungsfelder und Verbesserungen sowie ein offener Gedankenaustausch gefördert werden.

Dennoch stellt die **Arbeit selbst** den wichtigsten Motivationsfaktor dar. Damit die Mitarbeiter ihr gesamtes Potenzial einbringen können, sind sinnvolle Arbeit innerhalb anspruchsvoller Tätigkeitsbereiche, ein größerer Handlungsspielraum und mehr Verantwortung hierfür Voraussetzungen. Dies ermöglicht die Befriedigung des Bedürfnisses nach Selbstverwirklichung am Arbeitsplatz. Der Vorgesetzte nimmt hierbei mehr die Rolle des Coaches bzw. des Koordinators ein, was ein hohes Maß an sozialer Kompetenz voraussetzt. Um die gewünschten Motivationseffekte zu erreichen ist es von entscheidender Bedeutung, dass es zu einem ausgewogenen Zusammenspiel der Motivationsinstrumente kommt. Dabei ist, abhängig von den individuell unterschiedlichen Persönlichkeitsstrukturen und Lebenssituationen, ein **individueller Einsatz** der Motivationsinstrumente erforderlich. Ein pauschaler Einsatz der Instrumente für alle Menschen wäre der falsche Weg. Damit sich diese aber voll entfalten können, müssen Motivationsbarrieren, wie das Mobbing, die innere Kündigung oder auch der Verdrängungseffekt erkannt und mit entsprechenden Mitteln beseitigt werden.

Literaturverzeichnis

Fachbücher, Fachzeitschriften und Zeitungsartikel

Andreschak, Heike
Mitarbeiterbefragungen mit System - Fragen stellen kann doch jeder?
in: Service today, Heft 02/2003
(Service Verlag Fischer) Landsberg, 2003

Bartscher, Susanne
Gaugler, Eduard
Führung
2. Auflage
(Schäffer-Poeschel Verlag) Stuttgart, 1995

Becker, Fred G.
Lexikon des Personalmanagements
2. Auflage
(Deutscher Taschenbuch Verlag) München, 2002

Becker, Fred G.
Sinnvoll vergüten
in: Bankinformation, Heft 08/2004
(DG Verlag) Wiesbaden, 2004

Berthel, Jürgen
Becker, Fred G.
Personalmanagement
7. Auflage
(Schäffer-Poeschel Verlag) Stuttgart, 2003

Birkenfeld, Lena
Ein Cafétéria-System sorgt für neue Ideen
in: Die Sparkassen Zeitung, Nr. 32/2004
(Deutscher Sparkassen Verlag GmbH) Stuttgart, 2004

Bisani, Fritz
Personalwesen und Personalführung
4. Auflage
(Verlag Dr. Th. Gabler GmbH) Wiesbaden, 1995

Born, Achim
Gehaltsspiegel als Orientierungshilfen
in: iX - Magazin für professionelle Informationstechnik, Heft 07/2001
(Heise Zeitschriften Verlag) Hannover, 2001

Brinkmann, Ralf D.
Stapf, Kurt H.
Innere Kündigung – Die heimlichen Leistungsverweigerer
in: Mitbestimmung, Heft 06/2003
(Bund-Verlag GmbH) Frankfurt/Main, 2003

Bruce, Anne
Pepitone, James S.
Mitarbeiter motivieren
(Campus Verlag GmbH) Frankfurt/Main, 2001

Bühler, Wolfgang
Siegert, Theo
Unternehmenssteurung und Anreizsysteme
(Schäffer-Poeschel Verlag) Stuttgart, 1999

Buttkus, Irene
Mitarbeiterführung - Das rechte Wort zur rechten Zeit
in: Sales Profi, Heft 07/2000
(Gabler Verlag) Wiesbaden, 2000

Comelli, Gerhard
Rosenstil, Lutz von
Führung durch Motivation
(C.H. Beck´sche Verlagsbuchhandlung) München, 1995

Disselkamp, Marcus
Betriebsklima und Beschäftigungssicherung
in: Arbeitsrecht im Betrieb, Heft 04/2004
(Bund-Verlag GmbH) Frankfurt, 2004

Doerken, Wilhelm
Teambeurteilung und Teamvergütung
in: Personal, Heft 04/1996
(Wirtschaftsverlag Bachem) Köln, 1996

Drumm, Hans-Jürgen
Personalwirtschaftslehre
3. Auflage
(Springer-Verlag) Heidelberg, 1994

Dürr, Jürgen
Haferbier, Christian
Flexibilität statt Fixum - variable Vergütung als Veränderungshebel
in: Betriebswirtschaftliche Blätter, Heft 01/2004
(Deutscher Sparkassen Verlag GmbH) Stuttgart, 2004

Ebel, Bernd
Qualitätsmanagement
1. Auflage
(Verlag Neue Wirtschaftsbriefe) Berlin, 2001

Evers, Heinz
Hören, Martin von
Bonussysteme als Umsetzungshebel zielorientierter
Unternehmensführung
in: Personal, Heft 09/1996
(Wirtschaftsverlag Bachem) Köln, 1996

Fakesch, Bernd
Führung durch Mitarbeiterbeteiligung – Ein Konzept zur Steigerung
der Mitarbeitermotivation
(Verlag V. Florenz GmbH) München, 1991

Felix, Jochen
Mache, Wolf
Einführung und Anwendung von Cafeteria-Systemen
in: Arbeitsrecht im Betrieb, Heft 06/2001
(Bund-Verlag GmbH) Frankfurt, 2001

Felser, Georg
Motivationstechniken
1. Auflage
(Cornelsen) Berlin, 2002

Fischer, Heinz
Der Mitarbeiter – Schlüssel zum Erfolg
in: Personal, Heft 02/1995
(Wirtschafsverlag Bachem GmbH) Köln, 1995

Förderreuther, Rainer
Vergütungsstrategie Erfolgsgarant für das Unternehmen
in: Arbeit und Arbeitsrecht, Heft 04/2000
(Huss-Medien GmbH) Berlin, 2000

Frey, Bruno S.
Osterloh, Margit
Managing Motivation
2. Auflage
(Gabler) Wiesbaden, 2002

Haberleitner, Elisabeth
Deistler, Elisabeth
Ungvari, Robert
Führen, Fördern, Coachen
1. Auflage
(Wirtschaftsverlag Ueberreuter) Frankfurt/Wien, 2001

Hagemann, Gisela
Die hohe Schule der Motivation
4. Auflage
(verlag moderne industrie) Landsberg/Lech, 1993

Hartmann, Jens
Mobbing - Der Kampf am Arbeitsplatz
in: Arbeit und Arbeitsrecht, Heft 11/2003
(Huss-Medien GmbH) Berlin, 2003

Haumann, Thomas
Ideenmanagement in der Sparkassen-Finanzgruppe
in: Die Sparkassen Zeitung, Nr. 08/2004
(Deutscher Sparkassen Verlag GmbH) Stuttgart, 2004

Heimann, Willi
Motivation der Mitarbeiter zur Ideenfindung
in: Personal, Heft 05/1990
(Wirtschaftsverlag Bachem) Köln, 1990

Hentze, Joachim
Kammel, Andreas
Lindert, Klaus
Personalführungslehre
3. Auflage
(Paul Haupt Berne) Bern/Stuttgart/Wien, 1997

Hertel, Guido
Kann Teamarbeit die Arbeitsmotivation zusätzlich steigern?
in: Wirtschaftspsychologie, Heft 02/2002
(VGB Verlagsgesellschaft Berg mbH) Berg, 2002

Hirschsteiner, Günter
Soft skills oder hard facts?
in: BA Beschaffung aktuell, Heft 11/2003
(Konradin Verlag) Leinfelden-Echterdingen, 2003

Hörner, Michael
Weniger Geld mehr Motivation ?
in: Personalwirtschaft, Heft 01/1996
(Hermann Luchterland Verlag) Kriftel, 1996

Jung, Hans
Personalwirtschaft
5. Auflage
(R. Oldenbourg) München/Wien, 2003

Kaiser, Markus
Erfolgsbeteiligung der Mitarbeiter
in: Zeitschrift Führung + Organisation (ZfO), Heft 05/1995
(Fachverlag für Büro- und Organisationstechnik) Baden-Baden, 1995

Kempe, Hans-Joachim
Kramer, Rolf
Mitarbeitermotivation
(Heider) Bergisch Gladbach, 1993

Kilian, Helmut
Personalentwicklung als Führungsaufgabe
(Verlag an der Lottbek) Hamburg, 1993

Klages, Helmut
Hippler, Gabriele
Mitarbeitermotivation als Modernisierungsperspektive
2. Auflage
(Bertelsmann Stiftung) Gütersloh, 1993

Krafft, Manfred
Teamentlohnung auf dem Vormarsch
in: Acquisa, Heft 02/2002
(Max Schimmel Verlag) Würzburg, 2002

Krapf, Thomas
Hamann, Klaus
Betriebsklima-Analyse / Mitarbeiterbefragung
Informationsbroschüre der GenoConsult München – Stuttgart GmbH
(DG Verlag) Wiesbaden, 2004

Krell, Gertraude
Vorurteile bei der Leistungsbeurteilung
in: Personalführung, Heft 11/2001
(Deutsche Gesellschaft für Personalführung) Düsseldorf, 2001

Kressler, Herwig W.
Leistungsbeurteilung und Anreizsysteme
(Wirtschaftsverlag Ueberreuter) Frankfurt/Wien, 2001

Kropp, Waldemar
Systematische Personalwirtschaft
(R. Oldenbourg) München/Wien, 1997

Lawler, Eduard E.
Motivierung in Organisationen
(Haupt) Bern, Stuttgart, 1977

Lentz, Brigitta
Konstruktive Kritik
in: Capital, Heft 19/2004
(Verlag Gruner + Jahr) Hamburg, 2004

Löschner, Peter
Schuster, Hermann
Neue Modelle der Mitarbeiterkapitalbeteiligung
in: Personal, Heft 11/1996
(Wirtschaftsverlag Bachem) Köln, 1996

Lohe, Ralf
Das Potenzial nutzen
in: Chemie Technik, Heft 01/2004
(Hüthig) Heidelberg, 2004

Maier, Harald
Handwörterbuch der Aus- und Weiterbildung
(Luchterland Verlag) Neuwied/Kriftel/Berlin, 1995

Meffert, Heribert
Marketing
9. Auflage
(Verlag Dr. Th. Gabler GmbH) Wiesbaden, 2000

Münch, Gregor
Bonussystem für den Tarifbereich
in: Personalwirtschaft, Heft 02/1997
(Hermann Luchterland Verlag) Kriftel, 1997

Nagel, Kurt
Schlegtendal, Götz
Flexible Entgeltsysteme – Fair entlohnen – besser motivieren
(verlag moderne industrie) Landsberg/Lech, 1998

Neckel, Hartmut
Ideenmanagement unfallfrei einführen
in: wirtschaft&weiterbildung, Heft 07-08/2004
(Max Schimmel Verlag) Würzburg, 2004

Nerdinger, Friedemann W.
Motivation und Handeln in Organisationen
(W. Kohlhammer) Stuttgart, 1995

Nerdinger, Friedemann W.
Motivation von Mitarbeitern
(Hogrefe) Göttingen/Bern/Toronto/Seattle, 2003

Neuberger, Oswald
Arbeit: Begriff – Gestaltung – Motivation – Zufriedenheit
(Lucius & Lucius Verlagsgesellschaft mbH) Stuttgart, 1985

Niermeyer, Rainer
Motivation – Instrumente zur Führung und Verführung
1. Auflage
(Haufe) Freiburg/Berlin/München, 2001

Nöllke, Matthias
Managementtechniken
(DG Verlag) Wiesbaden, 2002

Oppermann-Weber, Ursula
Handbuch Führungspraxis
1.Auflage
(Cornelsen Verlag) Berlin, 2001

o. V.
Ideenmanagement
in: Der Arbeitgeber, Heft 05/2004
(Verlagsgruppe Handelsblatt GmbH) Düsseldorf, 2004

o. V.
Supplement Personalmanagement
in: Acquisa, Heft 08/2003
(Max Schimmel Verlag) Würzburg, 2003

o. V.
Variable Vergütung ist in der IT-Branche Standard
in: Frankfurter Allgemeine Zeitung (FAZ), 03.04.2004
(F.A.Z.-Verlag) Frankfurt/Main, 2004

Peters, Sönke
Brühl, Rolf
Stelling, Johannes
Betriebswirtschaftslehre – Einführung
10. Auflage
(Oldenbourg Verlag) München/Wien, 2000

Prochnow, Erik
So finden Sie den richtigen Coach
in: Impulse, Heft 05/2004
(Gruner + Jahr AG & Co KG) Hamburg, 2004

Rahn, Horst-Joachim
Unternehmensführung
5. Auflage
(Friedrich Kiehl Verlag GmbH) Ludwigshafen/Rhein, 2002

Rau, Karl-Heinz
Widmann, Sven
Ergebnisorientierte Gehaltsflexibilisierung
in: Zeitschrift Führung + Organisation (ZfO), Heft 05/1993
(Fachverlag für Büro- und Organisationstechnik) Baden-Baden, 1993

Rheinberg, Falko
Motivation
4. Auflage
(Verlag W. Kohlhammer) Stuttgart, 2002

Richter, Manfred
Personalführung im Betrieb – Die theoretischen Grundlagen und ihre
praktische Anwendung
2. Auflage
(Carl Hanser Verlag) München/Wien, 1989

Risch, Susanne
Und sonst, Müller, alles klar?
in: McK Wissen, Heft 08/2004
(brand eins Verlag GmbH & Co. OHG) Hamburg, 2004

Rosenstil, Lutz von
Motivation im Betrieb
10. Auflage
(Rosenberger Fachverlag) Leonberg, 2001

Rosenstil, Lutz von
Regnet, Erika
Domsch, Michel
Führung von Mitarbeitern
(Schäffer-Poeschel Verlag) Stuttgart, 2003

Schanz, Günther
Handbuch Anreizsysteme
(C.E. Poeschel Verlag) Stuttgart, 1991

Schanz, Günther
Personalwirtschaftslehre
2. Auflage
(Verlag Franz Vahlen) München, 1993

Schindler, Ulrich
Brunn, Susan
Unternehmensführung in Banken – 27. Lerneinheit Bankmanagement
1. Auflage
(Akademie Deutscher Genossenschaften ADG) Montabaur, 2003

Scholz, Christian
Personalmanagement
4. Auflage
(Verlag Franz Vahlen) München, 1994

Schuler, Heinz
Lehrbuch der Personalpsychologie
(Hogrefe-Verlag) Göttingen/Bern/Toronto/Seattle, 2001

Sprenger, Reinhard K.
Mythos Motivation - Wege aus einer Sackgasse
17. Auflage
(Campus Verlag GmbH) Frankfurt/Main, 2002

Staehle, Wolfgang H.
Management - Eine verhaltenswissenschaftliche Perspektive
8. Auflage
(Verlag Franz Vahlen) München, 1999

Steinmann, Horst
Schreyögg, Georg
Management - Grundlagen der Unternehmensführung, Konzepte,
Funktionen und Praxisfälle
2. Auflage
(Verlag Dr. Th. Gabler GmbH) Wiesbaden, 1991

Stolzenburg, Jörg H.
Wahlmöglichkeiten für Mitarbeiter
in: Personalwirtschaft, Heft 02/1997
(Hermann Luchterhand Verlag) Kriftel, 1997

Stroebe, Rainer W.
Grundlagen der Führung
11. Auflage
(I. H. Sauer-Verlag GmbH) Heidelberg, 2002

Stroebe, Rainer W.
Motivation
8. Auflage
(I. H. Sauer-Verlag GmbH) Heidelberg, 1999

Tewes, Uwe
Wildgrube, Klaus
Psychologie Lexikon
2. Auflage
(Oldenbourg Verlag) München/Wien, 1999

Weinert, Ansfried B.
Lehrbuch der Organisationspsychologie
2. Auflage
(Psychologie Verlags Union) München-Weinheim, 1987

Weyers, Gerd
Kapitalbeteiligung für die Mitarbeiter
in: Die Sparkassen Zeitung, Nr. 05/2003
(Deutscher Sparkassen Verlag GmbH) Stuttgart, 2003

Zander, Ernst
Führungsstil und Personalpolitik im Wandel
in: Personal, Heft 05/1995
(Wirtschaftsverlag Bachem GmbH) Köln, 1995

Zielke, Christian
Hurra, es ist Montag – es geht zur Arbeit!
in: Personalwirtschaft, Heft 03/2004
(Hermann Luchterhand Verlag) Kriftel, 2004

Web-Verzeichnis

http://www.business-wissen.de/de/aktuell/akt11773.html?ops=prn,
25.08.2004

http://www.bw.fh-deggendorf.de/kurse/pers/skripten/skript5.pdf,
20.08.2004

http://www.faz.net/s/RubEC1ACFE1EE274C81BCD3621EF555C83C/D
oc~E53DDA80878D2482EBD83CAA5C58839C2~ATpl~Ecommon~Sc
ontent.html, 08.08.2004

http://www.gevainstitut.de/pdf/vorgesetztenbeurteilung_interview.pdf,
26.08.2004

http://www.gruenderstadt.de/Infopark/motivation.html, 20.08.2004

http://www.ibw.at/ibw_mitteilungen/art/schm_123_04_wp.pdf,
10.08.2004

Anhang mit Abbildungs- und Tabellenverzeichnis

Abbildungsverzeichnis

Tabellenverzeichnis

Tab. 1, S. 61: Maßnahmen der Personalentwicklung,
Schindler, U., Brunn, S. 2003, S. 18.

Tab. 2, S. 107: Die Befriedigung der Bedürfnisse am Arbeitsplatz,
Jung, H. 2003, S. 376.

Tab. 3, S. 108: Auswirkungen von Motivatoren und
Hygienefaktoren,
Kropp, W. 1997, S. 129.

Tab. 4, S. 109: Die Ziele der Mitarbeiterbeteiligungen,
Jung, H. 2003, S. 595.

Tab. 5, S. 110: Kompetenzen des Vorgesetzten,
Jung, H. 2003, S. 746.

Abb. 11: Arbeitsmotive

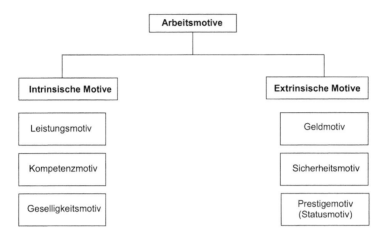

Abb. 12: Die Leistungskomponenten

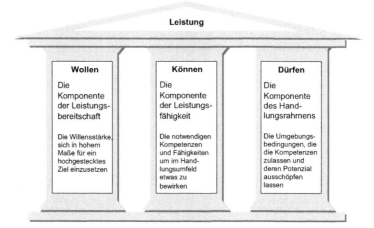

Abb. 13: Das Motivationsmodell nach Alderfer

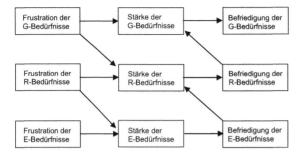

Abb. 14: Hygienefaktoren - Motivatoren

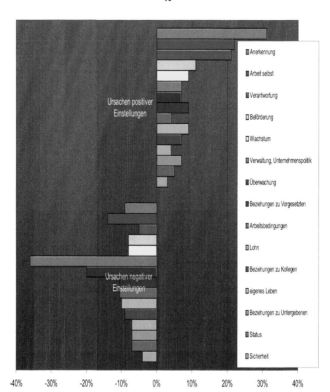

Hygienefaktoren - Motivatoren

Abb. 15: Theorie nach Adams

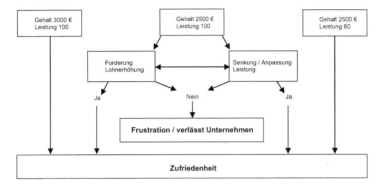

Abb. 16: Formen der Erfolgs- und Kapitalbeteiligung

> ### Erfolgs- und Gewinnbeteiligung
> ### der Arbeitnehmer

Reine Erfolgsbeteiligung

Belohnt die Mitarbeit.
Der Arbeitnehmer erhält neben
dem vereinbarten Entgelt
auch einen Anteil am
Unternehmenserfolg.

Reine Kapitalbeteiligung

Macht den reinen Mitarbeiter
zum „kapitalgebenden" Mitarbeiter. Aus dieser Stellung als
Kapitalgeber folgt jedoch auch
eine Beteiligung am Erfolg.

Laboristische Kapitalbeteiligung

Kombination beider Typen. Z. B. kann die Ansamm-
lung der Kapitalanteile aus einer vorausgehenden
Erfolgsbeteiligung kommen. Gehalt und Lohn der
Mitarbeiter bestehen somit aus drei Komponenten:

- Grundgehalt (Fixum)
- Erfolgsanteil durch Mitarbeit
- Gewinnanteil aus Kapitalbeteiligung

Abb. 17: Autoritärer und kooperativer Führungsstil

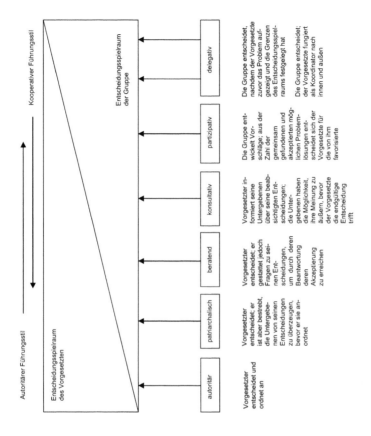

Abb. 18: Der motivierende Zielvereinbarungsprozess

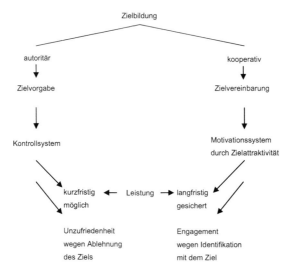

Abb. 19: Formen der Kritik

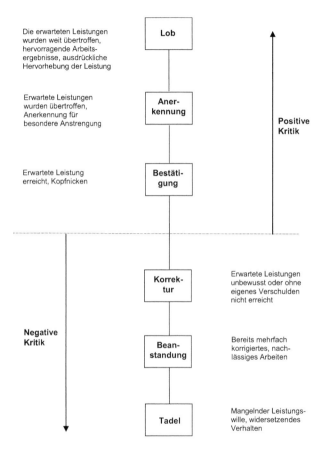

Tab. 2: Die Befriedigung der Bedürfnisse am Arbeitsplatz

Bedürfnisse nach Selbstverwirklichung	Achtungs-bedürfnisse	Soziale Bedürfnisse	Sicherheits-bedürfnisse	Physiologische Bedürfnisse
Macht, Einfluss Realisierung der eigenen Pläne	Fachliche Kompetenz Lob, Status Guter Lohn	Kommunikation mit den Mitarbeitern Teamarbeit Information	Sicherheit des Arbeitsplatzes Kündigungs-schutz Betriebliche Altersversor-gung Weiterbildung	Ausreichende Bezahlung Gesunder Arbeitsplatz Existenzielle Versorgung

Tab. 3: Auswirkungen von Motivatoren und Hygienefaktoren

Zustand/Faktoren	Motivatoren	Hygienefaktoren
Vorhandensein	*Zufriedenheit*	Nicht-Unzufriedenheit
Nichtvorhandensein	Nicht-Zufriedenheit	*Unzufriedenheit*

Tab. 4: Die Ziele der Mitarbeiterbeteiligungen

Ziel	Zielinhalt
Motivation	Verbesserung der Leistungsmotivation und Produktivität Förderung des Mitdenkens und Mitentscheidens Erhöhung des Kostenbewusstseins und des persönlichen Einsatzes Anregung des wirtschaftlichen Denkens Verstärkung der Identifikation und des Interesses am Unternehmen Schaffung zusätzlicher Leistungsanreize
Finanzierung	Verbesserung der Eigenkapitalbasis und der Kapitalstruktur Schaffung zusätzlicher Liquidität Verbesserung der materiellen Situation der Mitarbeiter Etablierung eines erfolgsabhängigen Entgeltsystems
Personalpolitik	Abrundung des Sozialleistungspaket Unterstützung bzw. Neuordnung der betrieblichen Altersversorgung Maßnahme der Personalpolitik Anwendung als Führungsinstrument
Partnerschaft	Abbau der Konfrontation zwischen Kapital und Arbeit Teilnahme am Unternehmenserfolg Erfüllung des Teilanspruchs auf erwirtschafteten Gewinn
Gesellschaftspolitik	Beteiligung am Produktivvermögen Sicherung und Ausbau der Wirtschaftsordnung
Vermögensbildung	Gerechtere Vermögensverteilung Ergänzung der Geldvermögensbildung
Mitarbeiter-Potential	Reduzierung der Fluktuation Bindung an den Betrieb Verbesserung der Position des Unternehmens am Arbeitsmarkt Fehlzeitenverringerung

Tab. 5: Kompetenzen des Vorgesetzten

Kompetenz	Beschreibung
Menschlichkeit:	Freundliches Wesen, das jedem Mitarbeiter ermöglicht, ohne Angst an den Vorgesetzten heranzutreten.
Gerechtigkeit:	Keine Bevorzugung. Um Ausgleich bemüht.
Fachliche Kompetenz:	Weiß zumindest in fachlichen Angelegenheiten mindestens genau soviel wie seine Mitarbeiter, bestenfalls sogar etwas mehr. Ist nicht überfordert, wenn sein fachlicher Rat gefragt ist.
Konfliktfähigkeit:	Ist in der Lage, die in der Gruppe bestehenden Konflikte aufzunehmen und sich damit auseinander zusetzen und die durch die Konflikte freiwerdende Energien in positive Bahnen zu lenken. Ist unter Umständen auch konsequent und kann möglicherweise in bestimmten Konfliktsituationen für einzelne Gruppenmitglieder unangenehme Entscheidungen treffen.
Entscheidungskompetenz:	Ist bereit, Entscheidungen zu treffen und die daraus resultierende Verantwortung zu tragen, auch wenn die Entscheidung möglicherweise stark risikobehaftet ist.
Leiter-Funktion bzw. Richtungskompetenz:	Beeinflusst die Richtung der Arbeitsgruppe. Ist zwar zu Dialog und Kompromissen bereit, hat aber die Zügel in der Hand.
Organisationsgeschick:	Ist in der Lage, auch in Krisensituationen den Überblick zu behalten und die Stresssituation organisatorisch zu bewältigen.
Motivationsfähigkeit:	Besitzt die Gabe, die Gruppe oder einzelne Mitarbeiter für eine Aufgabe zu begeistern. Ist nicht demotivierend durch sein Verhalten. Befähigt die Gruppe, durch sein Verhalten als Team zu arbeiten.